Herausgegeben von Christine Engel und Marina Koreneva

„Die Eigenheiten des russischen Verstandes ...“

www.kitab-verlag.com
office@kitab-verlag.com

ISBN 978-3-902878-29-8

Hrsg. Christine Engel • Marina Koreneva

„Die Eigenheiten des russischen Verstandes ..."

Petersburger Autorinnen und Autoren erkunden die Gegenwart

kitab

Inhalt

Vorwort

Die Eigenheiten des russischen Verstandes. Geht denn so ein Titel überhaupt?, fragt man sich. Was soll es damit auf sich haben? Ist das nicht diskriminierend? Sind wir nicht alle Europäer? Kulturelle Unterschiede, ja – aber physiologische? Man kann fürs Erste beruhigen: Der Titel ist ein doppeltes Zitat. So hieß die Vorlesungsreihe, die der russische Physiologe und Nobelpreisträger Iwan Pawlow 1918 gehalten hat, und so ist auch ein Essay von Tatjana Moskwina in der vorliegenden Anthologie betitelt, in Anlehnung an Pawlows These, dass es solche Eigenheiten sehr wohl gebe, verstanden als kollektive Neigungen zu bestimmten Verhaltensmustern, Problemlösungsstrategien, gemeinsam geteilten Befürchtungen oder Ängsten. Wenn zwei Russen, im Abstand von fast hundert Jahren, so etwas behaupten, dann wird schon etwas dran sein. Russland ist ein Land, das sich ständig im Umbruch, ja oft auch im Chaoszustand befindet und aus europäischer Sicht bisweilen als ein „Problembär" empfunden wird – aber wenn es in diesem Land etwas Stabiles gibt, dann ist es die Suche nach nationalen Eigenheiten, die immer noch eine dominante Rolle spielt und somit den Titel des Bandes rechtfertigt.

In den hier präsentierten Essays und Erzählungen stellt diese Suche eine Art Hintergrundfolie dar, die mit verschiedensten Themen verknüpft wird. Unter dem Motto, dass es nicht immer gleich ein Roman sein müsse, kann die vorliegende Sammlung von Miniaturen ein facettenreiches Stimmungsbild aus dem heutigen Russland vermitteln. Dargeboten wird das Bild mit unterschiedlichen sprachlichen Mitteln und in verschiedenen Tonlagen: Ironische Distanzierung, die bisweilen Anleihen bei der Groteske nimmt, steht neben hitzigem Anprangern von

Missständen; selbst Erlebtes und Beobachtetes in Essayform wechselt ab mit literarischen Formen wie Märchen, Ballade und Parabel.

Noch treffender wäre es, zu sagen, dass die Texte ein Stimmungsbild aus dem heutigen Sankt Petersburg vermitteln, denn die Autorinnen und Autoren stammen aus dieser Stadt. Dabei ist allerdings nicht so sehr die Topographie das Ausschlaggebende, sondern die übereinstimmende Einstellung vieler Petersburger Intellektueller. Sie wollen als ein Gegengewicht zu Moskau wahrgenommen werden, dieser Stadt, wo eine Regierung herrscht, der mangelnde soziale Kompetenz, Korruption und Selbstbereicherung vorgeworfen werden und wo sich die russischen Oligarchen im Verborgenen am Ausverkauf des Landes rege beteiligen – beides übertönt von lauten Liebeserklärungen an das russische Volk, an das Vaterland, zu dessen Sprachrohr sich nun Moskau, die Schmiede des staatlichen Patriotismus, selbst ernannt hat.

Der Missstände und Schieflagen gibt es in der Tat genügend. Schriftstellergruppierungen und Verlage in Petersburg setzen sich nun besonders engagiert für eine Abkehr von dieser Richtung ein, mit dem Wunsch, zu Ordnung, Recht und einem offenen Wort zurückzukehren. Den Weg dorthin sehen sie allerdings weniger in innovativen Lösungsansätzen als vielmehr in einer konservativ-restaurativen Wende: Aus ihrer Sicht ist das Aufspüren, Bewahren und Betonen alles genuin Russischen (oder was sie dafür halten) wichtig, in der Literatur befürworten sie eine Rückkehr zu realistischen Darstellungsformen wie in den Romanen des 19. Jahrhunderts, und allem voran fordern sie eine Abkehr von den Postulaten der Postmoderne. In der Folge erleben essentialistische Konzepte, die das Vordringen zu einem wahren Kern und einer einzigen Wahrheit für möglich und wünschenswert halten, eine neue Konjunktur. Mit solchen Positionen verbunden sind auch der Glaube an die Möglichkeit einer strikten Trennung zwischen Natur und Kultur sowie eine schroffe Ablehnung feministischer Anliegen, da man der Überzeugung ist, dass unter dem Begriff „Mensch“ Frau wie Mann völlig gleichberechtigt vertreten seien. Viele Elemente von diesem Weltbild hatten auch schon zur Zeit der Sowjetunion einen hohen Stellenwert: ein großer imperialer Staat, klare Hierarchien und Helden als Vorbilder (am besten solche wie der Kosmonaut Jurij Gagarin).

Am deutlichsten kommen solche Positionen in den Essays von Tatjana Moskwina zum Ausdruck. Moskwina wirkt als Publizistin, Theater- und Filmkritikerin sowie Fernsehmoderatorin auf vielen medialen Kanälen meinungsbildend und äußert ihre Meinung unverblümt und direkt. Ihr stellenweise aggressiv-brüsker Ton ist unter anderem wohl auch der unter russischen Intellektuellen verbreiteten Meinung geschuldet, dass Wahrheit immer wehtun müsse. Unter diesem Gesichtspunkt gerät in diesen Kreisen auch die *political correctness* in Verruf, die als ein Verschleiern von Wahrheit empfunden wird, während Ausdrücke wie „Missgeburt“ oder „Krüppel“ für besonders treffend und aufrichtig gehalten werden.

Waren vor fünfundzwanzig Jahren in Russland noch westliche Werte durchaus attraktiv, so ist diesbezüglich inzwischen eine völlige Desillusionierung eingetreten, die auch in den Texten des vorliegenden Bandes ihren Niederschlag findet. Demokratie wird mit dem Gegenteil von Recht und Ordnung gleichgesetzt, und die freie Marktwirtschaft wird ausschließlich als Moloch von Kapitalismus sowie als Konsumzwang und -gier gesehen. Die Reaktion darauf ist häufig eine Flucht in die vermeintlich gute alte Zeit. Ein treffendes Beispiel dafür ist der Essay von Dmitrij Gortschew „Das Lied über die Heimat“, der durchaus humorvoll dem benachbarten heruntergekommenen Laden-Beisl mit dem Spielautomaten und den ewig betrunkenen Besuchern ein Denkmal setzt, während der Supermarkt westlichen Zuschnitts aus dieser Perspektive abschreckend sauber, glänzend und viel zu höflich daherkommt. In seiner Erzählung *Die Kappe* nimmt Gortschew die Funktionsweise des kapitalistischen Systems aufs Korn, das nur deshalb funktioniert, weil alle daran glauben und diese leere Projektionsfläche mit ihren eigenen Wünschen und Vorstellungen füllen. Der junge, unscheinbare Mann, dem in der Erzählung durch die unerwartete und unerklärliche Wirkweise seiner neuen Kappe alles von alleine zufliegt – Sex, Freunde und Geld –, ist im Prinzip mit dem Kaiser und seinen neuen Kleidern vergleichbar: Das geht nur so lange gut, bis der Erste ausruft „Der ist ja völlig nackt".

Den Kapitalismus nimmt auch Sergej Nosow aufs Korn und führt in seiner Erzählung *Nabob* als scharfsichtiger Beobachter das damit verbundene Verführungspotenzial am Beispiel eines Schriftstellers vor Augen. Die Komik dieses Textes ist durch ihren Schauplatz, eine öffentliche Toilette, bedingt: Das Erzähler-Ich wird aufgefordert, dort Toilettensprüche zu verfassen und an die Wände zu schreiben, und zwar solche Reime, die den Firmennamen „Nabob" erwähnen. Voll der Abwehr gegen eine derartige Indienstnahme bemerkt er gar nicht, dass er, eh er sich's versah, mittendrin ist im Geschäft. Sergej Nosow ist als Schriftsteller sonst vor allem dafür bekannt, dass er den Leuten genau auf den Mund schaut. Seine Erzählung *Pal Matweitsch* hat viel gemeinsam mit den Erzählungen von Wasilij Schukschin, der in den 1970er Jahren mit seinen Persönlichkeits- und Sprachbildern von verschrobenen Eigenbrötlern reüssierte. Nosow gestaltet seine Figuren so, dass ihre Denk- und Verhaltensweise vor allem durch ihre Art zu sprechen greifbar wird. Dementsprechend sind seine Erzählungen oft als reine Dialoge aufgebaut, wie zum Beispiel hier die Ballade *Trautes Heim,* die das Sich-Hochschaukeln einer Situation zwischen Mann und Frau gestaltet.

Auch Wladimir Schinkarjow thematisiert in seiner Parabel vom Igel und der Katze das Verhältnis bzw. das Zusammenleben von Mann und Frau: Er, der ursprüngliche Wildigel, wird durch die Annehmlichkeiten der Häuslichkeit zum zahmen, streichelfrohen Igel. Aber die treulose Katze lässt ihn fallen, und so verfällt der arme Igelmann in eine tiefe Depression: Weder die

Wildbahn noch die traute Zweisamkeit stehen ihm als Lebensmodell für die Zukunft zur Verfügung.

Einen ganz anderen Zugang hat Jewgenij Wodolaskin. Er ist wissenschaftlicher Mitarbeiter am Institut für Russische Literatur der Russischen Akademie der Wissenschaften (Puschkin-Haus) und hat als Spezialist für altrussische Literatur bisher wissenschaftliche Beiträge verfasst, während er als Schriftsteller erst vor einigen Jahren in Erscheinung getreten ist. Seine beiden bisher veröffentlichten Romane, die in einer Zeit handeln, als die altrussische Literatur gepflegt wurde, hatten auf Anhieb großen Erfolg. Daneben hat er über die Jahre eine ganze Reihe von Essays verfasst, die 2011 in einem eigenen Band herausgekommen sind und von denen einige hier als Kostprobe aufgenommen wurden. Wodolaskin versteht es, anhand von kleinen Begebenheiten Unstimmigkeiten und Ungereimtheiten beziehungsweise den Zusammenprall von hehren Idealen und banalem Alltag auf den Punkt zu bringen.

Dass die derzeitigen Umbrüche in Russland nicht die ersten sind, daran erinnert die satirische Erzählung *Tschitschikows Abenteuer* von Michail Bulgakow, die er 1922 – knapp nach den Jahren des Krieges, der Revolution und des Bürgerkriegs – als „Fortsetzung“ von Gogols Poem *Die toten Seelen* geschrieben hat und die hier in einer neuen Übersetzung nachzulesen ist. Dieser „alte“ Text ist nicht einfach aus bloßer Willkür in die Sammlung aufgenommen. Er zeigt, wie tief die russische Gegenwartsliteratur mit ihren Vorgängern verbunden ist und wie wichtig diese Verbundenheit auch für den Leser ist. „Wir sind alle aus Gogols *Mantel* hervorgegangen“, hat einmal Dostojewskij gesagt, und das gilt bis heute. Damit stößt man auf eine weitere russische Eigenheit: Jeder Autor hält es für nötig, auf irgendeine Weise seine literarische Genealogie herzustellen. Er tritt nicht als ein einzigartiger, aus dem Nichts kommender Geist auf, nicht als jemand, der sich bewusst und betont von den anderen Schreibenden abgrenzt, wie das woanders üblich ist, vielmehr setzt er immer und überall Zeichen für eine ununterbrochene Kontinuität, ein ständig weitergeführtes Gespräch – mal mit Gogol, mal mit Dostojewskij, mal mit sich selbst, mal mit seinen Leserinnen und Lesern.

Die Übersetzung der Texte ist einem besonderen Kontext zu verdanken. Im Sommersemester 2012 war Marina Koreneva *Writer in Residence* an der Philologisch-Kulturwissenschaftlichen Fakultät der Universität Innsbruck und hat in diesem Zusammenhang gemeinsam mit Christine Engel ein Seminar zur literarischen Übersetzung angeboten. Das Engagement der Teilnehmerinnen und Teilnehmer war groß, und die Möglichkeit, die Übersetzungen in dieser Anthologie einem deutschsprachigen Publikum zugänglich zu machen, tat ein Übriges, um die Mühen des Übersetzungsprozesses vergessen zu machen und in erster Linie die Freude am Feinschliff zu sehen.

Die Herausgeberinnen

Januar 2015

Tatjana Moskwina

Die Eigenheiten des russischen Verstandes

Der Titel meines Essays stimmt mit einem Vorlesungszyklus des berühmten Physiologen Iwan Pawlow überein. Das wissbegierige Akademiemitglied unternahm auf eigene Gefahr den Versuch, die von ihm entdeckten Eigenheiten des russischen Verstandes zu verkünden. Das Risiko war kein geringes, denn es war in den 1930er Jahren, der Zeit der Massenrepressionen in der russischen Welt. Pawlow überlebte dennoch, obwohl er von Zeit zu Zeit unerhörte Äußerungen tätigte. So zum Beispiel, dass ihm nicht nur Hunde, sondern selbst Frösche für die Versuche zu schade wären, welche die Kommunisten mit Menschen anstellten. Dem russischen Verstand gegenüber war er ebenfalls kritisch eingestellt. Seiner Meinung nach besitzt dieser eine Eigenheit, die man in der Sprache der Autofahrer als „langen Bremsweg" bezeichnen würde. Das heißt, wenn sich ein Russe in irgendetwas – in eine Idee oder eine Überzeugung – verfahren hat, dann ist es für ihn sehr schwierig, sich von dort wieder herauszumanövrieren. Er kann nicht abbremsen, selbst wenn er mit seiner wendigen russischen Seele spüren sollte, dass dies notwendig wäre. Deshalb verwandelt sich die Geschichte russischer Überzeugungen so oft in eine Geschichte russischer Verirrungen.

Wahrscheinlich hat der wilde Alte Recht. Aber liegen im russischen Verstand nicht noch weitere Eigenheiten? Ich möchte eine kleine Liste zusammenstellen.

1. „Kleine Tricks“

So hieß in der Sowjetzeit eine Rubrik der Zeitschrift „Wissenschaft und Leben“, wo die Leser verschiedene kleine Erfindungen mitteilen konnten. Das war fantastisch! Die Leute bewiesen eine beachtliche Flexibilität und eine unglaubliche Schärfe des Verstandes – das alles jedoch für die Lösung von Problemen, die in einem normalen, funktionierenden Alltag nicht vorkommen. Das heißt, die Kraft des Verstandes musste darauf verwendet werden, die verrückte Wirklichkeit, in der jede beliebige Bagatelle ein gewaltiges Problem darstellte, mit kleinen Tricks so zurechtzurücken, dass sie zumindest ein bisschen lebenstauglicher wurde. Diese Neigung des russischen Verstandes entwickelt sich auch in unseren Tagen lebhaft, aber leider hauptsächlich im Sinne von Betrügerei. (Ich kenne zum Beispiel einen Mann, der sich eine geniale Methode ausgedacht hat, den Stromzähler mit einer gewöhnlichen Haarnadel zu manipulieren.)

2. „Skepsis als Lebenseinstellung“

Die Russen, von der Geschichte hemmungslos rangenommen, sind nach außen hin allem gegenüber skeptisch, selbst was die Erklärungen eines Fremdenführers betrifft. Auf den Gesichtern russischer Touristen erscheint zum Beispiel nie ein Ausdruck vertrauensseligen Glücks, wenn man ihnen sagt „Und dort rechts ist der Dogenpalast“. „Dogenpalast? Na und?“ – liest man auf ihren Gesichtern, „Da wollen wir schon genauer hinsehen, was so ein Dogenpalast sein soll.“ Vielleicht beben sie ja innerlich vor Glück – aber der Verstand ist auf äußerste Skepsis gegenüber der Realität eingestellt. Wenn man einem Russen sagt: „Das ist ein guter Film, er hat einen Oscar bekommen“, antwortet er entschlossen: „Ein Oscar wird für wer weiß was vergeben. Schauen wir uns das erst mal an.“ Wenn Sie behaupten, dass irgendein

Mensch sehr gescheit ist, werden Ihnen neun von zehn Leuten antworten: „Na ja, ich weiß nicht. Ich habe von ihm noch nichts Gescheites gehört." Dem russischen Verstand sitzt die Skepsis wie eine Brille auf der Nase, denn ohne sie fühlt sich ein Russe unsicher wie ein Kurzsichtiger ohne Augengläser.

3. „Die Wahrheit ist fern"

In der Hierarchie der intellektuellen Fähigkeiten wird der praktische Verstand, der die alltäglichen Aufgaben meistert, nicht hoch geschätzt. Grips haben viele, und den Nächsten anschwindeln kann überhaupt jeder Zweite. Deshalb wird insgeheim allem Abstrakten, Theoretischen und Metaphysischen Hochachtung entgegengebracht. Und auch die Wahrheit ist erhaben und daher weit weg, sie kann niemals in Reichweite liegen. Der russische Verstand sucht die Wahrheit selten dort, wo sie sozusagen gemeldet ist – nein, dazu braucht er unbedingt den Himalaja, Yoga, Shambhala, verlassene Klöster, geheimnisvolle Inseln im Ozean, afrikanische Urwälder, mexikanische Kakteen, totalitäre Sekten oder französische Intellektuelle.

4. „Haargenau"

Der russische Verstand kopiert jede beliebige fremde Lebensart eins-zu-eins und haargenau – aber nur die äußere Form. Ich möchte auf Folgendes aufmerksam machen: In den fünfzehn Jahren der Reformen haben wir ALLE Attribute der westlichen Welt, angefangen von Politikern, Bankomaten und Kasinos bis hin zu Mobiltelefonen, Kreditkarten und Striptease-Bars kopiert. Diese merkwürdige, gespenstische und trügerische Kopie ist allerdings mit einem komplett anderen Inhalt ausgefüllt als in der westlichen Welt. Gerade diese geniale Eigenschaft des russischen Verstandes, die Form exakt zu kopieren, ist für aufgeklärte Ausländer sowohl attraktiv als auch erschreckend.

Nun gut, was haben wir als Ergebnis? Um mit dem Leben klarzukommen, kopiert der russische Verstand laufend gewisse Formen, kann sie sich aber nicht aneignen, und das Leben bleibt fremd und schwierig. Deshalb muss man „kleine Tricks" anwenden und als Schutz eine skeptische Einstellung wahren. Wo doch ringsherum nur Betrug ist, und die Wahrheit irgendwo weit weg! Sollte der russische Verstand allerdings doch einmal der Wahrheit auf die Spur kommen, dann schaltet sich der „lange Bremsweg" ein, und es führt kein Weg zurück.

Schöne Zustände.

Aus dem Russischen von Tatiana Kulik

Dmitrij Gortschew

Das Lied von der Heimat

An einem regnerischen Winterabend schleppten zwei Obdachlose eine Frau zu sich nach Hause in ihren Unterschlupf. Die Frau (auch obdachlos) hinderte sie nicht an diesem Vorhaben, unterstützte sie aber auch kein bisschen, da sie fest schlief. Die männlichen Obdachlosen waren recht mager und schwach, die Frau hingegen war trotz ihres harten Lebens wohlgenährt. Von der Seite schien es so, als ob zwei Ameisen eine viel zu große Raupe gefunden hätten und nicht wüssten, wohin mit ihr: Zum Weiterschleppen hatten sie keine Kraft mehr, und sie einfach hier liegen lassen, eine so große, nützliche Frau, konnten sie auch nicht.

Ich nahm regen Anteil, half aber nicht mit und ging ins Lebensmittelgeschäft.

Dieser Laden ist eines der letzten Überbleibsel der Vergangenheit. Keine Einkaufswägen, keine Kassiererinnen mit aufgesetztem, erzwungenem Lächeln auf den boshaften Gesichtern, keine Videoüberwachung – nichts davon, zum Glück. Dafür gibt es einander zurufende Verkäuferinnen (andauernd sortieren sie die Ware oder putzen irgendetwas, zum Verkaufen haben sie eigentlich keine Zeit), die alte Manja mit ihrem Schrubber und den ständig betrunkenen Ladenarbeiter Kolja sowie viele andere prächtige Dinge. Aus den heutigen gesegneten Zeiten stammt nur der Spielautomat in der Weinabteilung, der andauernd den unsterblichen jüdischen Klassiker „Der Zug kommt in Odessa um sieben Uhr vierzig an“ spielt. Um den Automaten drängen sich ständig vertrauensselige Trinker, die wie kleine Kinder hoffen, dass dieses diebische Gerät ihnen eines Tages großzügig einen Haufen Fünfer, glänzend wie das Glück selbst, ausspuckt. Sogar die Putzfrau, die alte Manja, füttert zeitweise den obdachlosen Apparat mit ihren letzten Groschen und streichelt zärtlich über seine blaue Seite. Er erwidert solche Zärtlichkeiten aber nur selten: Nur ab und zu schüttet er gnädig ein paar Groschen aus und spielt erneut sein klägliches Lied des ewigen Wanderers.

Der Männerclub ist von morgens bis Ladenschluss um den Automaten zugange. Alles intelligente Leute: Wenn es eine Keilerei gibt, dann ohne Blutbad und andere Grausamkeiten, nicht einmal die Miliz muss gerufen werden: Der Verlierer geht mit einem blauen Auge heim, und der Gewinner bestellt noch ein Gläschen und eine Praline.

Aber worauf ich eigentlich hinauswollte.

Einst musste ich für eine Weile, zum Glück nicht lange, ins Ausland. In der Fremde lebt man eigentlich gar nicht so schlecht: Alle sind höflich, lächeln, die Lastwagen halten an, sobald du den Fuß auf die Fahrbahn setzt (natürlich an einer vorgeschriebenen Stelle). Selbst die Obdachlosen sind gut gekleidet und tragen Handschuhe, wenn sie in den Mülltonnen wühlen. In solchen Tonnen zu wühlen, ist geradezu ein Genuss.

Unmittelbar vor meiner Heimkehr hatte ich einen schrecklichen Traum. Ich träumte, dass ich in meiner Heimatstadt ankomme, an der Metrostation „Tschornaja Retschka“ aussteige und zur Bushaltestelle gehe. Statt dem ausgeleierten, alten Autobus steht dort ein riesengroßer, wunderschöner Bus mit getönten Fenstern, und am Steuer sitzt nicht wie gewöhnlich ein Kalmücke, sondern ein höflicher Fahrer in weißem Hemd und Krawatte. Und die Fahrkarte kostet fünfzehn Euro. Der Preis ist zwar etwas übertrieben, aber der Autobus ist wirklich schön.

Endlich gelange ich in meine Straße und gehe in meinen geliebten Laden – die Rückkehr muss ja gefeiert werden. Aber dort! Statt des Spielautomaten plätschert ein kleiner Springbrunnen; leise, liebliche Musik füllt den Raum, und hinter der Kasse sitzt ein netter junger Mann (schon wieder in weißem Hemd mit

Krawatte!). Die Kunden reißen eine Wartenummer ab, setzen sich in bequeme Polstersessel und blättern in der Weinkarte, bis ihre Nummer an der Kasse aufleuchtet. Beim Einkauf wird man höflich aufgefordert, den Ausweis zu zeigen, um zu vermeiden, dass das schädliche Getränk irrtümlich an eine Person unter einundzwanzig verkauft wird.

Und ich verließ das vertraute Geschäft, setzte mich auf eine gepflegte Bank und weinte bitterlich. Weil es meine Heimat nicht mehr gibt. Wo soll ich jetzt nach ihr suchen?

Aus diesem Alptraum wachte ich abrupt auf – gerade noch rechtzeitig, um die Fähre Richtung Heimat zu erwischen.

Und ich kam an der Metrostation „Tschornaja Retschka" an. Der kalmückische Fahrer brachte mich bis nach Hause. Ich ging in das Geschäft und dort waren immer noch dieselben Leute und außerdem noch zwei neue Spielautomaten. Und aus dem Postkasten zog ich vier Kilo Zeitungen, voll mit Angeboten, um Trunksucht und eine unerwünschte Schwangerschaft zu beseitigen.

Meine Heimat war noch immer da.

Aus dem Russischen von Timea Anna Lehner

Dmitrij Gortschew

Die Kappe

Ein Mann ging in ein Geschäft und kaufte sich eine Kappe. Er setzte sie auf und ging nach Hause.

Da bemerkt er, dass sich alle Leute nach ihm umdrehen und ihm freundlich zulächeln.

Der Mann wurde natürlich sofort unruhig. Die Leute lächeln sonst nie so freundlich, einfach nur so. Nur wenn der Rücken mit Farbe beschmiert ist oder der Hosenschlitz offen steht.

Heimlich überprüfte er den Hosenschlitz – nein, diesmal alles in Ordnung. Vielleicht, denkt er, lächeln sie wegen der Kappe? Aber warum sollten sie? Wenn es eine knallgrüne mit roten Drachen wäre, könnte man das ja verstehen. Aber nein, sie war grau, leicht gerippt. Na ja, dachte der Mann, dann sollen sie eben lächeln. Vielleicht lachen sie ja über meine Hose. Seine Hose war wirklich nicht besonders schön.

Und so geht er weiter seines Weges, als plötzlich eine Frau auf ihn zukommt und ihn anspricht. Ich habe auf den ersten Blick erkannt, sagt sie, was für ein wunderbarer Mann Sie sind, und ich will mich Ihnen hingeben, gleich hier an Ort und Stelle, mitten auf der Straße.

Nun ja, aber warum denn auf der Straße, wundert sich der Mann. Gehen wir lieber zu mir nach Hause. Ich habe unlängst auch Tee gekauft.

Und so gingen sie zu ihm nach Hause. Der Mann nahm die Kappe ab und hängte sie an den Garderobehaken.

Da schreit die Frau auf. Wie heißen Sie denn überhaupt, kreischt sie. Wie haben Sie mich hierher gelockt, ich habe ja sogar einen Ehemann. Ich seh' schon, was Sie im Schilde führen, schreit sie, Sie wollten sich an mir vergehen.

Und obwohl niemand versuchte, sie aufzuhalten, riss sie sich los und rannte die Treppe hinunter und davon.

Der Mann zuckte mit den Schultern und schaltete den Fernseher ein. Aber die Frau geht ihm nicht aus dem Kopf.

Er sah wieder ein bisschen fern und es wurde ihm klar, dass die Kappe keine gewöhnliche war. Wenn man sie trägt, sehen alle sofort, was für ein wunderbarer Mensch man eigentlich ist. Und ohne Kappe sehen sie es nicht. Pfeifen einfach drauf.

Er sah wieder ein bisschen fern.

Na ja, denkt er, ich kann die Kappe natürlich weiterhin tragen, aber wenn sie mal runterfällt, dann schreien wieder alle „Wie heißen Sie denn überhaupt!?" Ich möchte niemandem etwas vormachen, denkt er.

Und so stand er auf, nahm die Kappe vom Haken, warf sie in den Mülleimer und trug den Eimer sogar in den Hof hinaus zur Mülltonne.

Zurück in der Wohnung sah er wieder ein bisschen fern. Und denkt dabei die ganze Zeit an die Kappe.

Man könnte zum Beispiel, denkt er, Bänder an die Kappe nähen und sie unter dem Kinn befestigen. Und niemand wird mich, einen so wunderbaren Kerl, fragen, warum ich mit einer Kappe baden gehe.

Aber ich will ja ohnehin niemandem etwas vormachen. Ich bin ja wirklich ein wunderbarer Mann, das merkt nur nie jemand, weil ich keine so schöne Hose habe. Oder vielleicht aus einem anderen Grund. Hätte ich die Kappe doch nicht weggeworfen, denkt er.

Er sprang auf und rannte in den Hof, doch offensichtlich hatte man die Mülltonnen schon weggebracht. Drei Monate lang hatte sich niemand darum gekümmert und ausgerechnet in diesen fünf Minuten waren sie gekommen und hatten den Müll verliefert.

Der Mann ging zurück nach Hause, legte sich aufs Sofa und und starb natürlich nicht.

Und so lebt er bis heute und sieht fern.

Und keiner weiß, wie wunderbar er eigentlich ist.

Aber nein, so hat es sich natürlich nicht zugetragen.

Wer würde eine solche Kappe schon wegwerfen? Damit kann man doch einen Haufen Geld machen.

In Wirklichkeit nähte der Mann Bänder an seine Kappe und knotete sie unter dem Kinn fest.

Und siehe da – jetzt hat er alles. Eine Ehefrau, und Geliebte, drei Stück, wofür auch immer, und eine Wohnung vollgestopft mit Möbeln. Die Kappe ist natürlich schon dreckig und stinkt. Aber darauf achtet niemand.

Oft kommen zweihundert Leute zu ihm zu Besuch und tanzen bis zum Morgen. Und der Mann sitzt auf dem Sofa und sieht fern. Und denkt die ganze Zeit nach.

Was geschieht, denkt er, wenn ich jetzt die Bänder losmache?

Meiner Meinung nach würde gar nichts Besonderes mehr passieren.

Aus dem Russischen von Christina Muigg

Dmitrij Gortschew

Die Stadt Puschkin

In der Stadt Puschkin wird im Radio ausschließlich die Oper jewgenij onegin übertragen, und im Fernsehen werden nur die Filme der postmeister und die hauptmannstochter gezeigt. In den aktuellen Nachrichtensendungen wird darüber berichtet, was Puschkin zur selben Zeit im Jahr achtzehnhunderteinundzwanzig gemacht hat, dann im Jahr zweiundzwanzig und so weiter.

Ein Junge aus der Stadt Puschkin bastelte einmal heimlich ein Detektorradio und hörte vier Stunden lang Sendungen aus anderen Städten. Während der ganzen vier Stunden wurde nicht ein einziges Wort über Puschkin verloren. Davon bekam der Junge Nasenbluten, und in der Nacht suchte ihn Puschkin heim, klopfte mit dem Stock auf den Boden und schimpfte auf ihn ein, und davon wurde der Junge DEBIL. Jetzt macht er ins Bett und betreibt Onanie. Deswegen sind ihm auf den Handflächen Haare gewachsen.

Nach diesem Vorfall wurden in der Stadt alle Rundfunkgeräte verboten, und es gibt nur noch das fixe Programm über den Wandanschluss in der Küche.

Alle Kindergärten, die Geschäfte und die Cafés in der Stadt heißen entweder GOLDENER HAHN oder ZAR-GWIDON oder einfach PUSCHKIN. Ein Café beispielsweise nach einem Werk von Lermontow zu benennen, wäre so, als würde man im Herzen von Petersburg ein Café namens „Spartak Moskau" errichten: Das steht keine zwei Minuten, geht sofort in Flammen auf und stürzt ein.

Die Stadt ist rundherum von einem Staketenzaun aus PUSCHKINIMZYLINDERSTATUEN umgeben und hat nur an einer einzigen Stelle ein Stadttor mit einem Kontrollposten. Dort bekommt jeder Einreisende einen Besucherbackenbart, denn es gilt als unanständig, ohne Backenbart durch Puschkin zu gehen, selbst mit nacktem Hintern herumzulaufen wäre anständiger. Die Besucherbackenbärte haben alle auffallende Farben: blau, orange, grün. Unweigerlich wird man mit einem solchen Backenbart auf der Straße von einem Polizisten angehalten und aufgefordert, das fünfte Kapitel von jewgenij onegin aufzusagen. Wenn der Zugereiste alles richtig aufsagt, erhält er ein spezielles Abzeichen mit dem Profil Puschkins und wird von der Polizei nicht mehr behelligt. Sollte der Zugereiste aber auch nur bei einer einzigen Zeile ins Stocken geraten, nimmt ihn der Polizist mit aufs Revier. Dort klebt man ihm eine weiße Perücke auf den Kopf und jagt ihn wieder auf die Straße hinaus. Von dieser Minute an gilt er als der Puschkinmörder d'Anthès und selbst wenn es ihm gelingen sollte, sich von den Puschkinisten loszureißen und mit ausgeschlagenen Zähnen und völlig erschöpft zum Polizeirevier zurückzukriechen und um Aufnahme in eine Zelle zu bitten, so lassen ihn die Polizisten gar nicht mehr hinein – sie tun so, als hätten sie gerade Inventur. Und schauen durch das Guckloch zu, wie die Puschkinisten diesen d'Anthès mit Eisenstangen fertigmachen.

Arbeiten gilt in Puschkin als unschicklich, dort verfassen alle Gedichte. Man darf aber nur solche Gedichte verfassen, die sich von denen Puschkins nicht unterscheiden. Wenn auch nur ein einziges Komma im Gedicht anders ist, wird der Dichter sofort verboten. Nach dem dritten Verbot wird er glattgeschoren, man steckt ihn in eine GÄLBE JACKE, klebt ihm à la Majakowskij eine Papirossa an die Lippe und stellt ihn auf den Hauptplatz. Und alle Bewohner der Stadt müssen einem solchen Dichter eine KOPFNUSS verpassen. Sollte der Dichter danach noch bei Sinnen sein, führt man ihn an den SCHWORZEN FLUSS, der die ganze Stadt umgibt, drückt ihm eine Pistole in die Hand und sagt: „Und jetzt erschieß dich, du Hund! Selbst!“ Und geht.

Falls er sich nicht erschießen sollte, lebt er so lange am SCHWORZEN FLUSS, bis ihm der Backenbart gewachsen ist, aber selbst dann würde ihm niemand auch nur eine klitzekleine Kopeke geben, nicht einmal ein Bettler vom Busbahnhof.

Einst hat sich so ein Dichter mit GIFFTIGEN Fröschen am Sumpf vollgestopft und dann war ihm, als ob ihm Puschkin selbst erschiene und ihm das Geheime Zwölfte Kapitel diktierte; aber der Dichter konnte sich kein einziges Wort merken und erhängte sich am nächsten Morgen.

Als einzig richtige Ausgabe von Puschkin gilt in der Stadt nur die SECHSBÄNDIGE aus dem Jahr neunzehnhunderteinundsiebzig aus der Bibliothek der Zeitschrift Ogonjok, die Hellblaue. Alle anderen Ausgaben werden verbrannt, sobald man ihrer ansichtig wird.

Einst kam ein Professor von der Insel Moskau in die Stadt und erzählte, dass Puschkin in mehreren Gedichten sehr anstößige Schimpfwörter verwendete. Die Puschkinisten erwiderten darauf nichts, sie kniffen nur die Augen zusammen. Aber in der darauffolgenden Nacht geschah mit dem Professor FÜRCHTERLICHES, sodass sich sogar die Polizisten am nächsten Morgen zwei Stunden lang übergeben mussten.

Die Bewohner von Puschkin sind der Ansicht, dass ihre Stadt eine Insel ist, mitten im SCHWORZEN FLUSS, der im Herzen von Petersburg entspringt und die ganze Welt bedeckt. Aus dem SCHWORZEN FLUSS kriechen SCHLEIMIGE KREATUREN und D'ANTHESER ans Ufer der Stadt. Außerdem lebt dort das UNGEHEUER BENCKENDORFF. Allerdings kann das UNGEHEUER BENCKENDORFF nicht für längere Zeit aus dem Wasser kriechen, weil seine Haut schnell austrocknet und rissig wird. Obwohl, wie man erzählt, das UNGEHEUER BENCKENDORFF an einem regnerischen Tag einst bis in den Stadtgarten vorgedrungen sei und mit seiner Nase die Grüne Eiche untergraben habe. Dadurch verdorrte die Grüne Eiche und wird so lange TOT da stehen, bis der WAHRHAFTIGE PUSCHKIN kommt.

Dereinst, so die Legende, wird der WAHRHAFTIGE PUSCHKIN in seinem SCHWARZEN UMHANG und mit SCHWARZEM ZYLINDER frühmorgens durch das Stadttor einreiten, aber niemand wird ihn erkennen. Er wird vom Pferd steigen und in den Stadtgarten gehen, und die GRÜNE EICHE wird in herrlichen Farben erblühen.

Danach wird der WAHRHAFTIGE PUSCHKIN auf dem Hauptplatz einen WEIßEN THRON errichten; und an den vier Ecken des Thrones nehmen die Schriftstellerkollegen Küchelbecker und Puschtschin Platz sowie sein Kindermädchen Arina Rodionowna und seine Frau Natalja Nikolaewna. Und am Fuße des Thrones werden sich vierundzwanzig der besten Puschkinisten mit Papier und Feder postieren.

Und Puschkin wird ihnen Tag und Nacht sein Neues Sechsbändiges Werk diktieren, das davon handelt, was auf Erden war, ist und sein wird. Dann wird der SCHWORZE FLUSS für immer austrocknen, und Kuriere werden über die sich auftuenden Wege das Neue Sechsbändige Werk in alle Länder tragen.

Und siehe, dann wird eine Zeit des Paradieses und der Herrlichkeit anbrechen, wie sie kein Lebender je geschaut hat noch schauen wird.

Aus dem Russischen von RuBel

Dmitrij Gortschew

Michel

Einst hat eine Frau – so mir nichts, dir nichts – Hitler liebgewonnen. Wegen einer Lappalie – er sprach den Buchstaben „r“ auf Deutsch so lustig aus.

Frauen sind immer so – erst verlieben sie sich wegen irgendeiner Bagatelle und wegen einer anderen Bagatelle ist es dann wieder aus. Ja und wenn sie dich verlassen, lügen sie dir vor, dass ihnen jedes Mal zwei Tage lang schlecht war, wenn sie bei dir über Nacht geblieben sind. Aber vielleicht lügen sie ja auch gar nicht.

Und überhaupt, wenn wir mal dahinterkommen würden, was unsere Frauen so über uns denken, wären wir alle schon längst zu den Schwulen übergewechselt. Gut, dass wir niemals dahinterkommen werden. Weil wir Vollidioten sind. In dieser Hinsicht ist auf der Welt alles sehr klug geregelt.

Hitler war zu dieser Zeit noch nicht einmal der Hitler. Er war der einfache Künstler Schicklgruber aus München. Und malte Bilder viel besser als so ein Malewitsch oder Chagall, aber aus irgendeinem Grund wollte niemand seine Werke kaufen. Denen wurde jeder Plunder gleich aus den Händen gerissen, aber bei Schicklgruber war seine ganze Kammer unter der Treppe schon vollgestopft mit Bildern, eines besser als das andere. Besonders gut war ihm jenes gelungen, auf dem ein Herd mit einer dampfenden Suppe abgebildet war. Irgendwie kubistisch, aber alles ganz realistisch, sogar besser.

Jetzt hat es mich aber ordentlich vertragen.

Kluge Leute haben Hitler später dann natürlich erklärt, weshalb bei Chagall und Malewitsch und den anderen Rabbinowitschen alles so gut läuft, doch damals hat ihm noch der Durchblick gefehlt und er hat alles versucht, die Kuben noch akkurater zu malen. Die Deutschen sind halt so. Wenn es in ihrem Leben nicht gut läuft, nehmen sie sofort einen Wischlappen und ein Lineal, kratzen alles ab, ebnen alles ein, trinken ein Bier, es ist eine Augenweide.

Jetzt sind wir aber irgendwie von der Frau, die den Künstler Schicklgruber liebgewonnen hatte, ganz abgekommen.

Sie hieß Else. Und sie arbeitete als Briefträgerin in der Parteizelle der Sozialisten und verteilte gratis Zeitungen aufs Geratewohl, weil niemand sie gekauft hätte, nicht einmal für zwei Pfennige, selbst dann nicht, als eine Schachtel Zündhölzer eine Million Mark kostete.

Der Künstler Schicklgruber nahm immer gern Zeitungen von ihr, vor allem weil ihm Else eigentlich sehr gut gefiel, und er wartete jeden Tag um drei Uhr an seiner Kammertüre auf ihr Fahrrad, und sie verbeugten sich lange und verneigten sich und sagten immer hundert Mal „natürlich“ und „auf Wiedersehen“. Danach fuhr sie weg und er wunderte sich darüber, dass eine so schöne Frau bei diesen heruntergekommen Sozialisten arbeitete.

Aber einmal ging er nicht hinaus, weil er sich erkältet hatte und zähneklappernd unter seinem einen einzigen Sonn- und Wochentagsmantel lag. Stellen Sie sich vor, Else ging hinein, um zu fragen, ob nicht irgendetwas mit ihrem lieben Herrn Schicklgruber passiert sei, und er wäre aus Selbstmitleid fast in Tränen ausgebrochen, weil ja ja, natürlich, Herr Schicklgruber sei „komplett kaputt“. Es gibt kein unglücklicheres und jämmerlicheres Wesen auf der Welt als einen im Prinzip vollkommen gesunden Mann, der sich unversehens einen Schnupfen zuzieht oder in den Finger schneidet.

Else fütterte ihn mit so einer künstlichen deutschen Fleischbrühe und versprach am Abend vorbeizukommen, um ihn zu besuchen. Und Schicklgruber zitterte bis zu ihrer Ankunft, aber jetzt schon vor Angst, dass er gesund wird und sie nicht dazu kommt, ihm die Decke zu richten und seine zerfurchte Stirn zu befühlen.

Der Künstler Schicklgruber hatte keinen Erfolg bei den Frauen. Sogar später, als er schon Hitler war, sich bei den besten Friseuren die Haare schneiden und seine Anzüge bei den modernsten deutschen Schneidern anfertigen ließ, sah er nicht wirklich umwerfend aus. Zu dieser Zeit waren allerdings alle deutschen Frauen schon in ihn verliebt, doch aus ganz anderen ebenso unbegreiflichen Gründen.

Und trotzdem kam Else am Abend zu ihm. Wunder kommen nicht vor – über Nacht blieb sie nicht. Erst nach einer Woche. Und der Künstler Schicklgruber, der es früher nur mit pünktlichen deutschen Prostituierten zu tun hatte, kam plötzlich drauf, dass der Umgang mit Frauen nicht nur schnell, akkurat und hygienisch einwandfrei sein konnte. Das ist allerdings nicht unsere Angelegenheit.

Else stellte seine Bilder so um, dass sie nicht mehr jedem Eintretenden alle Hoffnung nahmen; außerdem schleppte sie irgendwelche merkwürdigen Dinge an, die sie an den einzig möglichen Stellen verteilte und die ihre Anwesenheit bekundeten. In den abgelegenen Ecken, die jede Frau als Erstes überprüft, brachte sie ihre Haarnadeln unter. Sie lieh dem Künstler Schicklgruber etwas Geld und davon wurden der erste anständige Anzug in seinem Leben und ein paar Schuhe gekauft. Jetzt konnte man einen Kinosaal betreten, solange noch das Licht brannte. Doch das Allerwichtigste war, dass Schicklgruber endlich in einem Büro eine Anstellung fand.

Im Grunde lief für ihn alles bestens. Else war schwanger, was man ihr noch nicht anmerkte, und die Frage der Eheschließung war schon längst geklärt, man musste nur noch etwas

Geld sparen. Schlecht war nur, dass Else in der Parteizelle der Sozialisten immer mehr Arbeit aufgehalst wurde; und sie kam abends erschöpft und schweigsam nach Hause. Manchmal war sie wegen irgendeiner Kleinigkeit, die sie sich auch noch selbst ausgedacht hatte, beleidigt und schwieg mehrere Tage lang. Nun ja, was kann man von einer schwangeren Frau anderes erwarten?

Dann kündigte sich plötzlich so eine fragwürdige kranke Tante an, und Else kam immer seltener und seltener. Und dann verschwand sie ganz. Nicht einmal ihre lebenswichtigen Sachen, die kleinen Zangen, Nagelfeilen und Cremetöpfchen, kam sie holen.

Der Künstler Schicklgruber versuchte in der Sozialistischen Partei Informationen über sie zu bekommen, doch dort wies man ihn glatt ab. Eine Verschwörung! Welche Verschwörung? Wer braucht sie schon, diese Sozialisten?

Er war häufig in der Bierstube. Er betrank sich und schwafelte von der Überlegenheit der deutschen Nation.

Die Besucher stimmten zu und spendierten ihm manchmal noch ein paar Bier. Überlegenheit ist doch schön, ganz klar.

Wenn er von der Bierstube zurückkam, hauchte er in seine Hand, um zu überprüfen, ob seine Fahne nicht allzu stark sei, und jedes Mal hoffte er, Licht in seiner kleinen Kammer zu sehen, denn Else besaß einen Zweitschlüssel – den einzigen in seinem Leben.

Eines Tages, es war schon Frühling, traf Schicklgruber sie unverhofft auf der Straße. Er bog um die Ecke und sah plötzlich eine unverschämt gut gekleidete Else. Er hatte sich so lange und sorgfältig auf dieses Treffen vorbereitet, dass er völlig durcheinanderkam. Er hatte so viele Pläne für diesen Fall, einer besser als der andere, und konnte sich gar nicht entscheiden. Und schon war sie vorbei, und es war zu spät, um gleichgültig zu nicken oder um ein mörderisches Lächeln aufzusetzen. Da hielt er inne und schrie ihr zitternd vor Wut hinterher: „Wo ist mein Kind? Du Schlampe!“

Sie drehte sich um, blickte ihn so an, wie es nur Frauen können, die mit uns mal geschlafen haben, setzte sich in einen vornehmen Horch und schlug die Tür zu. Schicklgruber rüttelte am Griff, doch der Fahrer geleitete ihn mit herablassender Ehrerbietung, die nur Schwarze perfekt beherrschen, zur Seite, setzte sich ans Steuer und das Auto fuhr los.

Hier trennen wir uns vom Künstler Schicklgruber. Hier trennt er sich auch von sich selbst.

Er steht auf dieser deutschen Straße, schaut dem Auto nach und die Passanten, anders als unsere, machen einen akkuraten Bogen um ihn. Die neuen Hosen waren hinten und an den Knien schon ausgebeult, die Schuhspitzen bogen sich komisch auf, und jetzt ist er seinem Lieblingskomiker Charlie Chaplin wirklich sehr ähnlich, für eine totale Ähnlichkeit fehlt nur noch der dumme Schnurrbart. Ein paar Jahre später wird Charlie Chaplin eine rührende und keineswegs lachhafte Komödie drehen, doch sie wird nicht vom Künstler Schicklgruber handeln, sondern von dem Menschen, zu dem Else auf Knien kriechend zurückkehren hätte sollen.

Doch Else kehrte nie wieder zu ihm zurück. Nach der skandalträchtigen Scheidung von ihrem Wurstmagnaten, bei der sie gemeinsam mit ihrem Sohn auf die Straße gesetzt wurde, wurde sie für neue Aufgaben nach Moskau gerufen, und von dort direkt ins Lager Akmolinsk, speziell für Frauen von Vaterlandsverrätern, verbracht. Das war natürlich ungerecht. Sie war ja nie die Frau von Hitler.

Gescheite Leute rieten ihr einen Brief an Stalin zu schreiben und wirklich, im Jahr achtunddreißig kam ihr Fall zur Überprüfung, und bereits zwei Wochen später wurde sie erschossen.

Der deutsche Geheimdienst arbeitete damals im Vergleich zu unserem viel schlechter, und Hitler erfuhr von Elses Erschießung erst drei Jahre später, zwei Tage bevor Deutschland treulos den Nichtangriffspakt brach.

Von ihrem Sohn Michel wusste niemand, dass sein Vater Hitler war, deshalb steckte man ihn einfach in ein Kinderheim, fern von Moskau, irgendwo in der Gegend von Stawropol. Als der Krieg begann, bombardierten die Deutschen, die auch nichts von Hitlers Sohn wussten, dieses Kinderheim, und die geflohenen Kinder wurden von den einheimischen Kolchosbauern aufgenommen. Michel, den alle natürlich Mischa nannten, nahm Sergej Fomitsch zu sich …

„Aha!!!" – ein Aufschrei eines übertrieben scharfsinnigen Lesers. „Jetzt wird uns vielleicht noch vorgelogen, dass der Vater der Perestrojka Michail Sergejewitsch Gorbatschow der Sohn Hitlers war." Aber nein. Nichts dergleichen werde ich Ihnen vorlügen.

Onkel Mischa arbeitete bei uns im Studentenwohnheim des Instituts für Fremdsprachen als Pförtner. Er war inkontinent und trug in der Hose ein Gefäß, das offenbar häufig auslief. Aus unerfindlichem Grund war ich ihm sympathisch und er teilte mir wertvolle Lebensweisheiten mit, wie „Tu den Menschen Gutes, und sie werden dir Böses antun". Ich habe immer zugestimmt und Fragen gestellt, während hinter dem Rücken von Onkel Mischa verdächtige Personen Taschen mit Portwein an der Pförtnerloge vorbeischmuggelten.

Einige Jahre später führte mich das Leben unerwarteterweise wieder in mein altes Studentenwohnheim. Ich wollte mich nach Onkel Mischa erkundigen, doch alle hatten ihn schon längst vergessen. Irgendjemand meinte unsicher, dass er schon gestorben sei. Aber vielleicht war er einfach nur gekündigt worden.

Das ist alles.

Aus dem Russischen von Tomislav Rosić

Sergej Nosow

Nabob

Die Erzählung eines Schriftstellers

Als Kenner der Klassik und Verfechter, wenn man so sagen darf, des Klassischen, mache ich kein Geheimnis aus meinem Verhältnis zu avantgardistischen „Kunststücken" aller Art. Mit umso größerer Verlegenheit muss ich zugeben, dass mir alles, wovon im Weiteren die Rede sein wird, auf einer Toilette passiert ist. Ich befürchte, primitiven Gewitzels verdächtigt zu werden, wozu schon die Einleitung zu meiner keineswegs humoristischen Erzählung Anlass bieten könnte. Ich muss aber betonen, dass es nicht anders geht. Wie gesagt, ich habe nicht vor zu scherzen, und es ist ja nicht meine Schuld, dass sich die Ereignisse vor einer so unseriösen Kulisse abspielten, wo doch das Thema meiner Geschichte ein überaus ernsthaftes ist. Ich muss allerdings bekennen, dass mir selbst die volle Tragweite des Themas noch nicht bis zum Letzten bewusst ist; aber wenn mir an dieser Geschichte alles klar wäre, müsste ich sie ja gar nicht erzählen.

Auf jeden Fall gibt es Stoff zum Nachdenken. Zum Beispiel über Folgendes:

Die Persönlichkeit, ihre Integrität und die freie Wahl; oder, um es konkreter zu fassen, natürlich auch Kultur und Finanzen – das sind Probleme, die mich beschäftigen – in erster Linie aus ethischer Sicht. Und meine kurze Erzählung ist auch keine Beichte; und noch viel weniger eine Rechtfertigung. Meinen sogenannten Freunden, die sich als Sachkundige ausgeben, obwohl sie, wie es oft ist, nichts als bloße Vermutungen in der Hand haben, kann ich nur sagen: Ihr sollt nicht schlecht über mich reden. Ich bin überzeugt, wenn ihr das Folgende gelesen habt, werdet ihr alles verstehen.

Nun gut. Gehen wir die Sache an. Also.

Vor ein paar Tagen führte mich der Zufall zu einer Toilette in der D***-Straße. Was soll man über diese Toilette sagen? Vom Aussehen her gewöhnlich. Ja, eine gewöhnliche, scheinbar unauffällige Toilette. Kostenpflichtig, versteht sich. Ein paar Stufen hinunter, rechter Hand an einem Tisch ein netter alter Mann als Aufsichtsperson. Normalerweise, wenn man eintritt und ein Geldstück hinlegt, zieht nichts die Aufmerksamkeit auf sich – man legt es hin und geht vorbei. In diesem Fall aber trafen sich plötzlich unsere Blicke, irgendetwas hielt mich fest, als ob der Alte überlegte, ob ich derjenige sei, den er brauchte, und da ich kurz zögerte und somit ungewollt signalisierte, dass ich bereit wäre, die eine oder andere schwierige Frage, falls sie gestellt würde, zu beantworten, wurde sie auch gestellt:

„Möchten Sie vielleicht etwas an die Wand schreiben? Schauen Sie, ich habe einen Bleistift."

„Was? Was?", traute ich meinen Ohren nicht, aber der Alte verstand mein „Was? Was?" im Sinne von „Was genau?".

„Was Ihnen so einfällt. Etwas Kleines. Zwei, vier Zeilen, am besten gereimt Etwas Poetisches."

„Was soll das sein?", wundere ich mich. „Eine neue Art von Service?"

„Ganz und gar nicht. Wir zahlen für die Werke Geld. Zweihundert Rubel pro Zeile."

„Wie viel?" Wieder traue ich meinen Ohren nicht.

Aber der Alte kommt nicht dazu, zu antworten. Aus der nächstgelegenen Kabine kommt ein Klient von ehrenwertem Äußeren und steuert mit funkelnden Augen, voll Inspiration schnellen Schrittes auf uns zu.

„Hier, Chariton Konstantinowitsch, was sagen Sie dazu?", fragt der Klient, schaut dem Alten ins Gesicht und beginnt zu rezitieren:

„Nabob“, Kavalier,
Nötig bist du mir,
Ich saß am stillen Örtchen
Und schrieb dir diese Wörtchen!

„Und, wie ist es? Gut? Geht das?“

Der Alte runzelte die Stirn. Das Gedicht gefiel ihm nicht.

„Nein, Oleg Wladimirowitsch, mein Lieber, du bist verbraucht, du wiederholst dich. Den „Kavalier“ hatten wir heute schon. Ruh dich aus. Komm am Donnerstag. Heute hast du sowieso schon anderthalbtausend bekommen.“

„Ich kann auch schon morgen kommen“, versuchte es Oleg Wladimirowitsch und lächelte den Alten wieder servil an.

„Ruh dich aus, sag ich dir. Vergewaltige die Muse nicht. Komm am Donnerstag. In neuer Frische ...“

„Nun dann, auf Wiedersehen, Chariton Konstantinowitsch.“

„Auf Wiedersehen, mein Lieber, auf Wiedersehen.“

„Dann gehe ich jetzt, Chariton Konstantinowitsch.“

„Geh, mein Lieber, geh. Am Donnerstag kannst du weiterarbeiten.“

„Grüße an Margarita Wasiljewna.“

„Unbedingt, mein Lieber, unbedingt.“

Und er verschwand.

Und weshalb ich gekommen war, hatte ich völlig vergessen. Aus Fassungslosigkeit.

„Zu hektisch ist er“, erklärte mir Chariton Konstantinowitsch, irgendwie väterlich, als wolle er meinem Zustand Respekt zollen, fast schon zärtlich. „Viele sind hektisch. Und das ist nicht gut, nein. Wir wissen Arbeit zu schätzen, bei uns kommt niemand zu kurz. Nur eine Bedingung. Wenn man etwas dichtet, dann unbedingt mit dem Wort „Nabob“ „Nabob“ – das ist unsere Firma. Ich bin hier der „Nabob“-Vertreter. Für die Werbung zuständig. Deswegen muss es um „Nabob“ gehen. Wahrscheinlich haben Sie schon davon gehört: Handelshaus „Nabob“? Wir sind eine bekannte Firma.“

Von „Nabob“ hatte ich nie etwas gehört.

„Das macht nichts. Gehen Sie nur. Und denken Sie nach. Vielleicht fällt Ihnen ein Gedicht ein. Genieren Sie sich nicht. Nur Mut!“

Und so vertiefte ich mich, erdrückt vom Gehörten, in die Lektüre. Und es gab hier viel zu lesen. Die Wände und die Türen der Kabine waren von oben bis unten vollgeschrieben mit – ich wage nicht, das als Gedichte zu bezeichnen, sondern eher als etwas, das dem ähnlich ist – gereimten Sprüchen über „Nabob“. Wäre es nur die Handschrift eines einzigen gewesen – aber genau darum geht es ja, dass es nicht nur eine Handschrift war: mal verschnörkelt, mal größer, mal eine richtige Sauklaue, mal in alter Schulschrift mit Fahnenschwänzchen beim großen „N“ und Nasenpünktchen beim „L“ –, also wäre es nur eine Handschrift gewesen, ohne diese Vielfalt, wäre ich wahrscheinlich davon ausgegangen, dass es sich um einen Wahnsinnigen handelt, der sich ganze Abende lang in der Kabine eingeschlossen hatte. Aber nein, es war offenkundig: Hier hatten mehrere gearbeitet.

„Nabob!“, las ich, „Du bist reicher als wir. Nur das Beste wünsche mir.“ Oder: „Kein bess’rer Nabob, hier und dort, das glaub ich fest auf dem Abort.“ – „Vergiss nicht bis zum Todesmorgen: ‚Nabob‘ – darum solltest du dich sorgen.“ – „Besser als Silber, Gold und Niob ist der uns allbekannte Nabob.“

Eine Empfehlung, in Rahmen gefasst:

Wenn sich dir die Wampe bläht,
ruf „Nabob“ an, so schnell es geht!

Großzügig wurde obszöne Lexik verwendet. Manchmal auch Zeichnungen.

Selbst wenn du es dem Weib besorgst,
An „Nabob“ denke immerfort!

„So ein Mist“, sagte ich laut. Mir wurde elend zumute.

Der Alte sah mich fragend an – ich begab mich zum Ausgang.

„Wissen Sie", sagte ich, „man muss sich ja wirklich das Hirn rausätzen, um Ihren vertrottelten Nabob zu schätzen."

Ätzen … schätzen … Ich erschrak selbst, dass es so gut passte. Wieder schwieg ich.

„Nicht schlecht", meinte Chariton Konstantinowitsch, „und Sie dachten, es würde Ihnen nicht gelingen."

Ich hatte noch nicht mit der Wimper gezuckt, als sich schon zwei Zweihundertrubelscheine in meiner Hand befanden. Eine solche Zielstrebigkeit! Um zu mir zu gelangen, hatte Chariton Konstantinowitsch sich über den Tisch beugen müssen, was er auch erfolgreich bewerkstelligte. Er lag mit dem Bauch fast auf dem Plastiktischtuch, und dann – eins, zwei, drei –, schon greift er nach meiner Hand, die sich instinktiv zusammenballt. Um auszuweichen war keine Zeit.

„Was ist denn das?", brachte ich in meiner Verwirrung als Einziges heraus.

„Das Honorar", antwortete der Alte mit müder Stimme.

Er richtete sich mit Mühe auf. Ächzte. Ich hatte immer noch meine Zweifel.

„Soll ich das Ihrer Meinung nach nehmen?"

„Unserer Meinung nach haben Sie das schon genommen."

Er hatte Recht.

„Tun Sie mir den Gefallen", bat Chariton Konstantinowitsch, „seien Sie so gut und schreiben Sie das an die Wand. Hier ist ein Stift. Ich werde dann alles in mein Protokollbuch eintragen, keine Sorge. Oje, mein Kreuz", seufzte er.

In meinem ganzen Leben hatte ich niemals zuvor an eine Toilettenwand geschrieben. Ich – an eine Toilettenwand? Unvorstellbar! Dennoch nahm ich den Stift, ich nahm ihn und ging. Was hätte ich denn anderes tun sollen? Aber nicht des Geldes wegen, nein, sondern nur aus Höflichkeit, um den netten Alten nicht zu beleidigen, vereinfacht erklärt aber andererseits, wegen des Geldes auch, natürlich – und eigentlich wüsste ich nicht, was es da zu verbergen gäbe: In meiner Lage fühlte ich mich einfach verpflichtet, ich konnte gar nicht anders, ganz zu schweigen von der Gebrechlichkeit von Chariton Konstantinowitsch und von all seinen Krankheiten, an denen er, wie sich herausstellte, litt. Aber ich will ja keine psychologische Studie verfassen! Das ist doch nicht meine Aufgabe! Das heißt, im aktuellen Moment, jetzt, auf dem Papier, schreibe ich doch keine psychologische Studie! (Und damals auch nicht, an der Wand.) Aber ich möchte nicht verhehlen: Als ich damals in die Kabine zurückkehrte, fragte ich mich schon etwas verunsichert: Habe ich etwa, sozusagen, meine Würde preisgegeben? Habe ich etwa meine Prinzipien aufgegeben? Habe ich etwa meine Überzeugungen verraten? Und ich fühlte, dass ich fühle, dass dem nicht so war. Ich habe nichts preisgegeben, nichts aufgegeben, nichts verraten – schon allein deswegen nicht, weil ich sie alle mit meiner Dichtung keck und mutig herausforderte –, ein Angriff auf ihre Unterwürfigkeit, ihre Selbsterniedrigung, ihre sklavische Anbetung dieses scheußlichen „Nabob". Auf ihre Bereitschaft zu schmeicheln – widerlich und bedauernswert. Nein, ich war ein Rebell. Ich war ein Nonkonformist.

Das ist übrigens gar keine so einfache Aufgabe – mit einem Stift an eine Toilettenwand zu schreiben. Genauer gesagt, nicht an die Wand, sondern an die Türe der Kabine, noch genauer – an deren unteren rechten Teil, der noch frei war, und dies verlangte, glauben Sie mir, eine besondere Vorgehensweise: Kurz und gut, ich musste eine äußerst unangenehme Stellung einnehmen – in die Hocke gehen, mich verbiegen, und dass die Kloschüssel dabei äußerst störend war, muss ich gar nicht erwähnen. Ich habe eine schrecklich schlechte Handschrift, aber jetzt wollte ich ordentlich schreiben, die sollen es nur wissen.

Der neue Vierzeiler schrieb sich fast von selbst.

Vielleicht sag ich's zu scharf heraus,
doch „Nabob", du bist mir ein Graus:
Für einen Menschen mit Verstand,
verzeih, bist du nur hirnverbrannt.

Selbstverständlich ist mir bewusst, dass ich mit „hirnverbrannt“, streng genommen, zu weit gegangen bin, aber ich habe mir absichtlich etwas möglichst Derbes, Beleidigendes ausgedacht.

Chariton Konstantinowitsch zahlte mir achthundert Rubel aus. Insgesamt zeigte er sich zufrieden.

„Ein neues Motiv. Das ist gut. Sehr begrüßenswert. Der Inhalt, um genau zu sein, interessiert uns nicht so sehr. Es darf auch etwas Negatives sein. Sie haben Recht. Ich werde Sie sogar fördern“, fügte der Alte hinzu und reichte mir noch dreihundert Rubel. „Ich habe das Recht, bis zu vierzig Prozent draufzulegen. Das ist natürlich nicht viel. Unser Prämienfonds ist nicht sehr groß. Noch. In Zukunft werden wir auch die Inflation berücksichtigen. Und Sie Sie könnten auch eins drauflegen, noch schärfer schreiben, oder? Warum denn so anständig? Unentgeltlich schreiben Sie in Toiletten bestimmt anders.“

Die letzten Worte sprach er mit witzelndem Ton; ich ließ sie unkommentiert. Macht nichts, macht nichts, wiederholte ich in der Kabine, als ich mit dem Stift arbeitete, ihr werdet es noch bereuen.

Ich dachte mir einen Zweizeiler aus – überaus unanständig. Eine Apotheose der Obszönität. Ich brachte „Nabob“ mit Dreck in Verbindung, gelinde gesagt. Unfähig, das Gedichtete auszusprechen, hielt ich es auf Toilettenpapier fest. Der Alte vertiefte sich lang in die Lektüre. Schließlich nahm er die Arbeit an. Er erlaubte, sie auf die Kabinenwand zu übertragen.

„Und nun sollten Sie sich ausruhen. Denn Sie werden, vertrauen Sie meiner Erfahrung, sich wiederholen. Kommen Sie doch so in zwei Tagen wieder. In neuer Frische, ungetrübter Stimmung Hier kann man sich gut etwas ausdenken.“

„Hören Sie mal“, sagte ich, während ich das Geld in die Brieftasche steckte, „ich habe das nicht ganz verstanden. Wozu das alles? Das ist, ich versteh schon, als eine Art Werbung sehr originell. Sie sind da wahrscheinlich die Ersten “

„Und die Einzigen“, bekräftigte der Alte.

„Aber Ihre Toilette liegt doch abgelegen. Hier kommt niemand vorbei. Und Sie zahlen Geld. Für wen soll das sein, ich verstehe das nicht “

„Das erkläre ich Ihnen gerne“, lächelte Chariton Konstantinowitsch. „Unsere Toilette ist die Zentrale. Mehr Kunden schaden dem Geschäft nur. Wir pflegen eben unser Kontingent. Unsere Leute kommen nicht einfach so hierher, das haben Sie bereits selbst erkannt. Sehen Sie, was wir für eine schöpferische Atmosphäre haben?“

„Ja“, bestätigte ich. „Aber was heißt „Zentrale“?“

„Dass Ihr Gedicht morgen im Informationsnetz von „Nabob“ in alle Toiletten auf dem Gebiet der ehemaligen UdSSR übertragen wird. Man wird Sie überall lesen, in Moskau, Wladiwostok, Jalta, Odessa ... Und mehr noch, wenn Sie Ihr Werk in etwa drei Tagen plötzlich in WCs in Madrid oder New York vorfinden sollten, wundern Sie sich bitte nicht. Unsere Filialen sind über die ganze Welt verstreut.“

Ich sagte: „Umwerfend.“

Chariton Konstantinowitsch musste lachen.

„„Nabob“ kümmert sich eben um Werbung.“

„Aber dennoch, aber dennoch“, fuhr ich fort, ihn auszufragen, „Sie wenden sich ja an den erstbesten Dahergelaufenen Und für solches Geld! ... Es gibt so viele Dichter! ... Sie könnten die besten für sich gewinnen.“

„Das ist uns bewusst“, antwortete Chariton Konstantinowitsch. „„Nabob“ verfügt über genügend Mittel, um anzustellen, wen er will. Daran liegt es nicht. Das haben wir nicht nötig. Professionelle Dichter, die mit Kultur vorbelastet sind, können so etwas niemals. Ich versichere Ihnen, denen kommt das Wissen über die Technik der Dichtkunst in die Quere, das heißt, nicht einmal so sehr das Wissen, als vielmehr die Vorstellung, dass diese Technik über alles erhaben sei, etwa Selbsterklärendes, Unbestrittenes sei, unabhängig davon, wie sie selbst zur Tradition stehen. Ja! Die sind doch Sklaven der Tradition, wussten Sie das nicht? Woher sollen die den Schwung nehmen die Direktheit, die Dreistigkeit, um sich so etwas auszudenken? Die haben kein Gefühl für unsere Klientel. Die sind in ihrem Professionalismus gefangen. Mit denen zusammenzuarbeiten? Also bitte! Vor denen könnte man sich kaum retten! ... Wir hingegen schätzen etwas anderes: den Charme des Einfachen, des Ungeschickten Geradlinigkeit. Deshalb, lieber Herr Schriftsteller, gibt es zwischen den Lesern und Ihnen keine Trennlinie.

„Zwischen mir?", fragte ich genauso hastig wie nachdenklich dazwischen, denn es gab ja einiges zum Nachdenken, aber dazu war keine Zeit: Chariton Konstantinowitsch fuhr fort:

„Und Sie dürfen sich keinesfalls selbst so runtermachen. Das sage ich Ihnen wegen des „erstbesten Dahergelaufenen" Schlage ich das denn jedem vor? „Der erstbeste Dahergelaufene" warum denn so unschön über sich selbst? Sie sehen es doch mit eigenen Augen: Auswahl Warum sonst, verzeihen Sie, sitze ich hier? Als Sie bei mir hereingelaufen kamen, dachte ich sofort: Unser Mann, ohne Zweifel! Und wie Sie sehen, habe ich mich nicht geirrt."

„Danke", zeigte ich mich für das Kompliment erkenntlich. (Chariton Konstantinowitsch lächelte wohlwollend. Dass ich Mitglied des Schriftstellerverbandes war, verheimlichte ich selbstverständlich.)

Wir verabschiedeten uns.

Auf der Straße zählte ich das Geld. Mit den Prämien ergab es insgesamt eintausendneunhundert.

Na da schau her, dachte ich, nur ein Hunderter fehlt auf die Zweitausend.

Doch was war das eigentlich? Was hat das eigentlich alles zu bedeuten?

Nichts. Nichts hat es zu bedeuten. Nichts Besonderes. Egal. Ich bin einfach in den Dienst getreten.

Aus dem Russischen von Emanuel Klotz

Sergej Nosow

Pal Matweitsch

Ein Gewehrschuss zerriss die Stille – schon wieder! Fluchend machte ich mich auf den Weg zu Matweitsch.

„Pal Matweitsch! Was soll denn das! ... Unsere Kinder sind schon im Bett!"

Als ich die Kinder erwähnte, erschrak er.

„Was, im Bett? Jetzt schon? Das wusste ich nicht hätte nicht gedacht "

Er legte eine tote Krähe auf den Gartentisch und hielt ein Beil in der Hand. Plötzlich rief er: „Manja, Manja! Bring ein paar Äpfel für die Kinder!"

Ich: „Aber nein."

„Nichts da ‚nein'!"

„Nein, nein."

„Ich geb' dir gleich ‚nein, nein'! Die nimmst du mit ohne ‚nein'! Manja, Manja!"

Ich hatte mich schon zu lange aufgehalten. Es war zu spät, um abzulehnen, und so trat ich in den Garten.

Als hätte sie mich bereits erwartet, kam Marina Jewgenjewna aus der Sommerküche und reichte mir eine ganze Plastiktüte voller Äpfel.

„Es tut mir leid, aber ich kann da nichts machen. Schon die sechste Krähe heute, eine Plage ist das Unersättlich!", schimpfte sie Pawel Matweitsch. „Wie lange willst du die Leute noch quälen? Weißt du denn, was die von uns denken, du alter Dummkopf? Was sie in der Siedlung von uns denken, weißt du das?"

„Danke, so viele können wir gar nicht essen ..."

„Aber ich werde die Füße, aber ich werde die Füße Du kannst mich ausschimpfen, aber ich hau ihr die Füße ab!"

Und tatsächlich – ab waren sie!

Marina Jewgenjewna entfernte sich. Pal Matweitsch warf die Krähe in einen Eimer, die abgehackten Füße legte er auf die Zeitung.

„Schrecklich, was die schreiben. Das kann ich gar nicht lesen."

„Das müssen Sie auch nicht."

„Ich lese es ohnehin nicht. Wozu soll ich das lesen? Führt zu nichts. Es ist auch so alles klar. So weit haben wir's gebracht. Schlimmer geht's nicht! ... Das war's!

„Was zu beweisen war", stimmte ich diplomatisch zu (jedoch allzu übereilt).

Er wischte das Beil mit der Zeitung ab. Aus dem Gespräch kam ich nicht mehr heraus.

„Die Kinder, sagst du Kinder es ist gut, wenn man Kinder hat. Und wenn sie groß sind, eure Kinder, dann werden sie euch, so wie wir sie, genau so wird's sein, merk dir das!"

Ich antwortete nicht, ich schwieg.

„Genau so, genau so Ihr habt es ihnen eingebrockt und sie müssen es auslöffeln "

„Ich habe niemandem was eingebrockt."

„Ja klar, du hast niemandem etwas eingebrockt, niemand hat jemandem etwas eingebrockt, alles passiert ganz von alleine."

„Stimmt. Na gut, Pal Matweitsch, ich muss gehen."

„Hiergeblieben! Vor der Verantwortung läuft man nicht weg, und man wird dich noch zur Verantwortung ziehen, da kannst du sicher sein."

Ich blieb stehen. Er legte das Beil auf den Tisch. Sah mich streng an, mit durchdringendem Blick.

„Kannst du dich noch an Breschnew erinnern?"

„Ja, ja, kann ich."

„Nein, du erinnerst dich eben nicht, du hast Breschnew vergessen!"

„Warum soll ich Breschnew vergessen haben?"

„Und wer war dieser Breschnew, wenn du dich erinnerst?"

„Wie meinst du, ‚wer'?"

„Und was war er? Das kannst du bestimmt nicht mehr sagen."

„Er war Generalsekretär. Reicht das?"

„Und weißt du denn, wie's unter Breschnew war?"

„Warum sollte ich denn nicht wissen, wie's unter Breschnew war?"

„Die Kinder werden dich fragen, wenn sie größer sind, sie werden belesener sein als wir, es wird sie interessieren, was unter Breschnew war ... sie werden fragen, was denn unter Breschnew so schlecht war. Was war denn schlecht?"

„Unter Breschnew, ja?"

„Ja, unter Breschnew! Was antwortest du ihnen?"

„Ich schick sie zu Ihnen!"

„Eben! Gar nichts antwortest du! Weil's unter Breschnew auch ein richtiges Leben gegeben hat. Und du … du Stalinist! ..."

Wer war ein Stalinist? Ich hatte nicht recht verstanden.

„Wer ist ein Stalinist?"

„Du. Du sagst: Stalinist! Zu mir."

„Ich hab doch nicht gesagt, dass Sie ein Stalinist sind."

„Was wär' ich denn für ein Stalinist? Bin ich etwa ein Stalinist?" Pal Matweitsch wurde ernsthaft wütend. „Und wo bin ich denn bitte ein Stalinist? Stalin war Stalin. Das bestreite ich nicht. Aber was wär' ich denn für ein Stalinist? Ich finde das für Breschnew beleidigend. Der war doch nicht so. Wo es unter ihm doch alles gegeben hat! Oder etwa nicht? Wollte man mehr Freiheit? Was war denn schlecht unter Breschnew? Genau das werden die Kinder fragen: Was war denn schlecht? Man weiß ja noch nicht, was in fünfzehn Jahren sein wird "

„Das ist wahr", stimmte ich zu.

„Unter Breschnew gab es Freiheit. Wer wollte, konnte sie auch nutzen. Redeten die Leute etwa weniger? Sie redeten genauso viel. Sowohl über Breschnew als auch über alles andere. Sie redeten genau das Gleiche. Man schrieb es nur nicht in der Zeitung. Aber das Reden hat man niemandem verboten. Nicht wahr, Manja?"

Aber Marina Jewgenjewna war nicht da. Pal Matweitsch fuhr fort:

„Und die Freiheit, das sag ich dir, die war echt. Eine solche Freiheit wie bei uns unter Breschnew hat es auf der Welt sonst nirgends gegeben. Niemals. Man konnte machen, was man wollte. Wenn du nicht willst, dann mach's nicht. Wenn du es gut machst, wunderbar! Wenn du es schlecht machst, heißt das, man hat nicht genug von dir gefordert, sollen sie das nächste Mal mehr fordern damit du's dann gut machen kannst. Und wenn's dir nicht gefällt, lass es sein, sie finden immer Ersatz für dich, aber du bist sicher nie ohne Arbeit, denn Arbeit gibt es viel, nicht so wie jetzt Du brauchst Nägel? – Nimm sie dir! Du brauchst Bretter? Nimm sie dir! Nicht erlaubt? Nicht erlaubt, also nimmst du sie nicht. Denk selbst. Kenn das richtige Maß. Wo kommst du denn ohne das richtige Maß hin? Nirgendwohin. Anarchie brauchen wir nicht. Und wenn du dich jetzt umsiehst, was siehst du da? Nein, unter Breschnew herrschte Ordnung. Mal so, mal anders, aber immer Ordnung. Es herrschte Freiheit und Ordnung. Und wo ist die Ordnung jetzt? Es gibt keine Ordnung. Unter Stalin, da stimm ich zu, gab es keine Freiheit, aber dafür wenigstens Ordnung. Unter Breschnew hatten wir alles. Sowohl Ordnung als auch Freiheit. Und ihr sagt „Unfreiheit!". Aber das stimmt nicht. Das weiß ich gut, ich habe selbst viele Jahre lang bei der Oktober-Eisenbahn als Kontrolleur gearbeitet, ich weiß das. Versuch jemandem eine Geldstrafe aufzubrummen und schick die Papiere an seine Arbeitsstelle – ja glaubst du, dass der Vorgesetzte ihn abmahnt oder die Prämie streicht? Nein, der legt die Papiere irgendwo ab, möglichst unauffindbar, oder er wird von der Sache gar nichts mitkriegen, weil andere die Papiere schon vorher in der Schublade verschwinden lassen. Und das ist gut so. Hauptsache ein bisschen einschüchtern. Damit niemand vergisst, dass die Maschine funktioniert. Und unsere Maschine war kein Bulldozer. Die Maschine war gut. Gut und gründlich. Die dachte an den Menschen."

„Na ja, das haben Sie aber hingebogen."

„Da sitzt sie, das Luder."

Letzteres bezog sich auf eine Krähe, die sich auf einen Espenzweig gesetzt hatte.

„Soll sie doch weiterleben", nahm ich die Krähe in Schutz. „Und warum hacken Sie ihnen eigentlich die Füße ab?"

„Oh", meinte Pal Matweitsch, „das mach ich zur Entspannung, für die Seele." Er sah sich um, ob Marina Jewgenjewna ihn hören könnte; nein, konnte sie nicht. „Aber so was lässt sie nicht zu, nur wenn es einen praktischen Zweck hat. Streng ist sie, ja "

„Was machen Sie für die Seele?" (Ich hatte nicht verstanden.)

„Ich knall die Krähen für die Seele ab. Zur Entspannung. Ich liebe es, Krähen zu jagen. Und die Füße ", da ging Pal Matweitsch um den kleinen Gartentisch herum, um näher zu mir zu kommen, und teilte mir vertraulich mit: „Und die Füße, die sind zur Ablenkung da." Er zwinkerte mir zu.

Er wusste, dass ich darüber nachdenken würde, und hielt kurz inne.

„Sonst lässt sie das nicht zu, das Jagen. Aber wie soll ich ihr das erklären? Ich sage ihr, dass ich für die Füße Brennholz bekomme, kapiert? Dafür, dass ich die Krähen vernichte. Sie richten für die Volkswirtschaft großen Schaden an, die Krähen! Und ich habe sozusagen als Beleg die Füße, kapiert?"

„Ach ja?" Ich war ganz erstaunt über das, was ich da soeben zu hören bekam.

„Nein. Eben nicht. Das Holz hab ich schon vor einiger Zeit von unserem Agrarverwalter bekommen, wir brauchen es dringend, aber ich bekomme es gar nicht für die Krähenfüße, sondern für etwas ganz anderes "

Naiv fragte ich: „Wofür denn?"

Vorwurfsvoll schüttelte Pal Matweitsch den Kopf.

„Was glaubst du denn, wofür ich es bekommen könnte?" Er hob die Hand und tat, als würde er aus einer Flasche trinken „Ich bringe gleich was davon."

„Nein, danke", erwiderte ich, „lieber ein andermal. Aber vielen Dank."

„Der ist so stark Im Geschäft kriegst du so was nicht Der wird dir schmecken "

„Ich muss los, ich mach mich auf den Weg …"

„Vielleicht einen für den Weg? nur ein Gläschen? Komm, gehen wir in den Schuppen."

„Nein, danke, ein andermal."

„Wie du meinst", sagte Pal Matweitsch betrübt.

Er begleitete mich zum Gartentor.

„Danke für die Äpfel", sagte ich.

„Lasst sie euch schmecken Du, unter uns, von Mann zu Mann, verpfeif mich ja nicht, hörst du?"

„Keine Frage, Pal Matweitsch! Brennen Sie so viel Schnaps, wie Sie wollen."

„Das meine ich nicht. Vom Selbstgebrannten wissen alle. Ich meine das mit den Füßen. Meine Frau soll nicht wissen, dass ich sie für die Seele Sonst reißt sie mir den Kopf ab "

„Aber nächtens bitte nicht mehr schießen."

„Abgemacht", sagte Pal Matweitsch.

Und so gingen wir auseinander.

Aus dem Russischen von Elisabeth Holzinger

Sergej Nosow

Trautes Heim

Eine Ballade

Zimmer. Ehefrau. Der Ehemann tritt ein.

M a n n. Was für ein herrliches Wetter! Die Luft ist klar, der Himmel klar, zu regnen hat es aufgehört, und jetzt sieht man die Sterne Kannst du dich daran erinnern, dass man in der Stadt je die Sterne gesehen hat? Nicht zwei, drei, sondern Tausende, Tausende! ...

F r a u. Wo warst du denn?

M a n n *(aufgeräumt).* Ich war bei Rudokopow.

F r a u. Ah ja, bei Rudokopow ... *(Deckt den Tisch.)*

M a n n. Ich habe bei Rudokopow vorbeigeschaut, aber sein Telefon ist kaputt, ich konnte dich nicht anrufen Weißt du, Rudokopow arbeitet jetzt bei Medrjachin, und ich habe mit ihm verschiedene Varianten durchgesprochen, ein sehr nützliches Treffen ...F r a u. Grischa, ich muss mit dir reden.

M a n n. Ernsthaft?

F r a u. Ernsthaft.

M a n n. Vielleicht können wir ja bis morgen früh warten?

F r a u. Nein, dieses Gespräch ist unaufschiebbar.

M a n n. Aber mir kommt vor, dass man jedes unaufschiebbare Gespräch auf den nächsten Morgen verlegen kann ... Ich verstehe, ich bin zu spät nach Hause gekommen, du hast dir Sorgen gemacht, ich habe nicht angerufen, aber es ist immer besser, das weißt du doch selbst, einmal darüber zu schlafen Vielleicht ist dein Gespräch bis morgen früh schon nicht mehr ganz so ernst Lass uns nichts übereilen Einverstanden?

F r a u. Ich muss dir unbedingt eine sehr wichtige Frage stellen.

M a n n. Na gut. Stell sie.

F r a u. Reg dich aber bloß nicht auf.

M a n n. Ich reg mich doch nicht auf. Wie kommst du darauf? Ich habe nichts zu verbergen. Ich werde ehrlich antworten.

F r a u. Nein, ich sehe doch, dass du dich schon aufregst.

M a n n. Das bildest du dir ein. Frag mich.

F r a u. Die Frage ist die. Wundere dich nicht ... Was würdest du sagen, Grischa, wenn du erfährst, dass sich bei uns im Schrank ein nackter Mann versteckt?

Pause.

M a n n. Wieso denn das?

F r a u. Na ja, er ist nicht ganz nackt, in der Unterhose.

M a n n. In der Unterhose? In der Unterhose, ja dann ... *(heiter, erleichtert)* Bist du sicher? In der Unterhose?

F r a u. Ja, nehmen wir an, in der Unterhose. Was würdest du sagen?

M a n n. Und vor wem versteckt er sich denn?

F r a u. In diesem Fall vor dir.

M a n n. Vor mir ... Ist das ein Test?

F r a u. Ja, ein Test, aus einer Zeitschrift.

M a n n. Hm Was würde ich sagen? Ich würde sagen „Das ist ja ein Ding, meine liebe Nastja!"

F r a u. So ist das also. Da heißt es gleich meine liebe Nastja. *(Ärgert sich.)* Und was hat die liebe Nastja damit zu tun? Dass die liebe Nastja vielleicht gar nichts dafür kann, das kommt dir nicht einmal in den Sinn, stimmt's? Sofort verdächtigst du mich? ...

M a n n. Entschuldige, aber wer hat ihn denn im Schrank versteckt? Etwa nicht du?

F r a u. Stell dir vor, er hat sich selbst versteckt!

M a n n. Das ist sehr schwer vorstellbar.

F r a u. Aber das schon, dass ich – ich! – einen nackten Mann im Schrank verstecke, das kannst du dir vorstellen!

M a n n. Gar nichts stell ich mir vor! Du zwingst mich dazu! Ich will mir doch gar nichts vorstellen! ... Wozu soll ich mir einen nackten Mann vorstellen? Und noch dazu bei mir im Schrank!

F r a u. Vergiss es. Magst du Pelmeni? Aber dass du es weißt: Sie sind schon kalt.

Der Ehemann isst. Ohne Appetit.

M a n n. Und was hätte ich sagen sollen?

F r a u. Nichts.

Der Mann stochert mit der Gabel auf dem Teller herum.

M a n n. Du liest irgendwelche idiotischen Zeitschriften, und dann bin ich schuld.

F r a u. Du bist an nichts schuld, du bist einfach so wie alle anderen.

M a n n. Dafür bist du ganz einzigartig.

F r a u. Ja, so ist das.

Pause.

M a n n. Wenn ich so wäre wie alle anderen, würde ich ihm eine reinhauen. Und dir eine mit der Pfanne. *(Pause. Zärtlich.)* Na, was denn, was sollte ich schon sagen? „Liebe Nasta, sieh mal, hier ist jemand, willst du mir den jungen Herrn nicht vorstellen?"

F r a u. Er ist kein junger Herr. Er ist ein Mann im reifen Alter.

M a n n. Kenne ich ihn?

F r a u. Nein, du kennst ihn nicht. Du hast doch den Roman „Oblom", „Der Flop", nicht gelesen, oder?

M a n n. Ich habe den Roman „Oblomow" gelesen.

F r a u. Du lügst doch, du hast auch „Oblomow“ nicht gelesen. Du machst dich doch nur wichtig: Ich habe gelesen, ich habe gesehen, ich weiß Wo warst du denn heute?

M a n n. Ich war bei Rudokopow.

F r a u. Pass auf! Und unterbrich mich nicht. Stell dir vor: Die Frau wartet zu Hause auf ihren Mann, der Mann treibt sich irgendwo herum, es ist zwei Uhr nachts, es klingelt, das muss ihr Mann sein, sie öffnet, aber es ist gar nicht ihr Mann, sondern ein anderer, der stürzt herein in der Unterhose und bittet um Unterschlupf, die Bullen sind hinter ihm her

M a n n. Was erzählst du mir da? Den Roman „Oblom“?

F r a u. Ist es glaubwürdig?

M a n n. Nicht besonders.

F r a u. Ich finde aber, es ist sehr glaubwürdig. Es ist das wahre Leben, Grischa.

M a n n. Und warum ist er in der Unterhose?

F r a u. Er ist aus der Ausnüchterungszelle ausgebrochen. Er handelt im Affekt. Verstehst du? Affekt! Er ist nüchtern, aber er begreift nichts, läuft wie ein Besessener auf und ab, immer im Zimmer auf und ab. Was hättest du an Stelle der Frau gemacht? Ihn rausgeworfen? Den Behörden ausgeliefert?

M a n n. Ich kann mich schlecht in diese Situation versetzen. Warum ist er denn aus der Ausnüchterungszelle ausgebrochen?

F r a u. Kennst du etwa unsere Ausnüchterungszellen nicht? Und da fragst du noch?

M a n n. Schon wieder? Hör zu, wir haben doch vereinbart, dass du mich nie wieder an die Ausnüchterungszelle erinnerst! Das ist lange her und alles nicht wahr! Jedenfalls wollte ich gar nicht aus der Ausnüchterungszelle ausbrechen Sie haben mir eine Nummer auf den Fuß gemalt, mich auf eine Pritsche gelegt Das ist alles. Sogar ausschlafen konnte ich.

F r a u. So bist du, und der ist eben anders. Er ist Romanschriftsteller. Schreibt Romane! „Helfen Sie mir, ich bin der

Autor von „Oblom“!“ Da geht es um Repression, Grischa! Und du hättest ihn rausgeworfen?

M a n n. Oblom ... *(denkt nach.)* Na und? Und dann?

F r a u. Und dann hat es geklingelt. Ich sage: „Mein Mann“

M a n n. Du? ... Du sagst?

F r a u. Ja, ich! Stell dir mich in der Lage der Frau vor! Ich sage also – über dich: „Das ist mein Mann.“ Und bei den Worten „mein Mann“ gerät er in Panik und versteckt sich! ...

M a n n. Im Schrank!

F r a u. Na endlich ist der Groschen gefallen!

M a n n. Warte mal. Willst du damit sagen, dass jetzt jemand im Schrank sitzt?

F r a u. Na ja, vielleicht sitzt er nicht, vielleicht steht er ja ...

M a n n. Warte, willst du damit sagen, wenn ich jetzt den Schrank öffne, dass da jemand drin ist?

F r a u. Ja, der Autor des Romans „Oblom“.

M a n n. In der Unterhose?

F r a u. Höchstwahrscheinlich.

M a n n. Und darf ich jetzt aufmachen?

F r a u. Du darfst, aber vorsichtig. Erschreck ihn bloß nicht.

M a n n *(geht zum Schrank).* Dann mache ich jetzt auf?

F r a u. Wenn du innerlich dazu bereit bist, dann mach auf. Aber benimm dich anständig. Nicht wie ein Rüpel.

M a n n. Einfach aufmachen?

F r a u. Grischa, ich habe dir doch schon alles erklärt.

M a n n. Und er ist da drin?

F r a u. Ja.

M a n n. Da ist doch ein Haken da ist doch irgendwo ein Haken. Ich weiß nicht, wo, aber da ist ein Haken Also, dann mache ich auf Aber wozu eigentlich?

F r a u. Grischa, wir müssen mit dem Problem gemeinsam fertigwerden. Zu dritt.

M a n n. Das ist echt ein Rätsel.

Er entfernt sich vom Schrank.

F r a u. Warum hast du denn nicht aufgemacht?

M a n n. Ich bin wahrscheinlich ein Idiot, aber ich kapiere das irgendwie nicht. Und worin liegt dabei der Witz, wenn man fragen darf?

F r a u. Grischa, da drin befindet sich ein Mann, der aus der Ausnüchterungszelle ausgebrochen ist. Er ist vor dir erschrocken und hat sich versteckt. Ich konnte ihn nicht aufhalten. Er braucht Hilfe!

M a n n. Soll das ein Witz sein?

F r a u *(verärgert).* Kein Witz. Na ja, vielleicht doch. Jeder Mensch ist anders. Was weiß ich. Er findet es nicht witzig, ich aber schon. Witzig ist, dass du mir nicht glaubst.

M a n n *(lacht misstrauisch).* Du nimmst mich doch auf den Arm Was soll das heißen: „Er braucht Hilfe"? Ich werde aber nicht aufmachen! Nein, nein, ich mache nicht auf Du willst doch damit irgendetwas sagen Wenn du willst – dann sag es! Willst du damit sagen, dass ich nicht bei Rudokopow war?

F r a u. Was hat Rudokopow damit zu tun? Mach mich nicht ärgerlich.

M a n n. Ich war aber bei Rudokopow. Du kannst ihn anrufen. Aber … er wird wahrscheinlich schon schlafen.

F r a u. Und sein Telefon ist kaputt! … Grigorij, glaubst du mir nicht, dass der Romanschriftsteller im Schrank ist?

M a n n. Wieso? Ich glaub's dir doch.

F r a u. Nein, du glaubst mir nicht!

M a n n. Du bist es doch, die mir nicht glaubt!

F r a u. Bist du mit dem Essen fertig? Wenn du fertig bist, geh bitte schlafen. Du bist selten blöd.

M a n n. Und er bleibt da drin?

F r a u. Mach dir keine Gedanken, ich werde ihn schon herauslassen.

M a n n. In der Unterhose?

F r a u. Ich gebe ihm eine von deinen Hosen. Er wird sie später zurückgeben.

M a n n. Und warum hast du ihm nicht gleich eine von meinen Hosen gegeben?

F r a u. Dazu war keine Zeit.

M a n n. Verstehe. Aber, meine Liebe, du musst auch verstehen: Aus der Ausnüchterungszelle auszubrechen ist unmöglich!

F r a u. Wer wagt, gewinnt!

M a n n. Nein, meine Liebe, aus dem Gefängnis auszubrechen ist leichter als aus der Ausnüchterungszelle!

F r a u. Ich möchte über dieses Thema nicht länger mit dir diskutieren.

M a n n. Ja, klar, sie möchte nicht länger mit mir diskutieren! Dauernd machst du mir irgendwelche Vorwürfe. Aber ich wäre dir dankbar, wenn du die Dinge direkt ansprechen würdest, ohne Umschweife. Rudokopow ...

F r a u. Sei still! Ich kann diesen Namen nicht mehr hören!

Es läutet an der Tür.

M a n n. Na so etwas! ... Um diese Zeit ... *(Er öffnet, ein Polizist kommt herein.)*

O r d n u n g s h ü t e r. Oberleutnant Rationalow. Guten Appetit. Bitte entschuldigen Sie den Überfall. Ich hoffe, ich habe niemanden geweckt? Guten Abend, Madame. *(Zum Mann)* In privaten Angelegenheiten spreche ich die bessere Hälfte der Menschheit normalerweise mit „Madame“ an. Sie werden zugeben, was die Etikette betrifft, ist unsere Sprache arm.

Pause.

Ich möchte Sie gleich darauf hinweisen, dass mein Erscheinen ausschließlich inoffiziellen Charakter hat und dass Sie das volle Recht haben, unsere Unterredung jederzeit zu beenden. Zwar bin ich heute als Privatperson hier, nichtsdestoweniger zähle ich auf Ihr Verständnis und Ihre Unterstützung.

Pause.

Denken Sie nicht, dass ich Sie beschuldige, voreilig urteile oder in meinem Herzen eine Kränkung verspüre. Auf gar keinen Fall! Im Gegenteil, menschlich kann ich Ihre Einstellung nachvollziehen, jedoch ersuche ich Sie, sich in die Lage des von mir vertretenen Kollektivs zu versetzen.

Pause.

M a n n. Was denn für ein Kollektiv?

O r d n u n g s h ü t e r. Die Belegschaft der Medizinischen Ausnüchterungsanstalt Nr. 2.

Pause.

F r a u. Nein, nein, das ist ein Missverständnis!

O r d n u n g s h ü t e r. Fragen Sie mich nur nicht nach einem Durchsuchungsbefehl, Madame! Ich habe weder einen Durchsuchungsbefehl noch Zeugen! Ich bin zu Ihnen gekommen, um die Angelegenheit unter Freunden zu regeln. Und das sind nicht nur leere Worte.

M a n n. Was will er denn?

F r a u. Keine Ahnung!

O r d n u n g s h ü t e r. Doch, Madame, ich muss Sie leider enttäuschen, aber Sie wissen bestimmt ausreichend Bescheid über den Gegenstand meiner Sorge, und ich appelliere an Ihre Vernunft! Sie wissen, wovon ich spreche, und Sie auch.

M a n n. Wovon spricht er? Wovon?

F r a u. Sie haben sich in der Wohnung geirrt.

O r d n u n g s h ü t e r. Nein, eben nicht! Laut allen unseren Informationen versteckt er sich hier. Nein, nein, es ist völlig in Ordnung – aus Ihrer Sicht haben Sie einem Verfolgten Unterschlupf gewährt! Aber der Witz der Sache ist, dass die Bedrohung nur eingebildet ist, in jeder Hinsicht. Und ich bin hier, damit Sie mir glauben, dass alles nur Einbildung ist.

M a n n. Wem?

F r a u. Hör nicht auf ihn!

M a n n. Er hat gesagt, dass du jemandem Unterschlupf gewährt hast – also wem?

O r d n u n g s h ü t e r. Jewgenij Denisowitsch Chunglinger, ein Flüchtiger unserer Anstalt.

F r a u. Blödsinn! ... Hirngespinste! ... Ich kenne keinen Chunglinger!

M a n n *(misstrauisch)*. Ist das nicht der, der den Roman „Oblom“ geschrieben hat?

O r d n u n g s h ü t e r. Aha! Sie kennen ihn also doch!

F r a u. Grischa, sei still! ... Was mischst du dich ein mit deiner Belesenheit! Hast du „Oblom“ gelesen? Du hast es nicht gelesen! Also, sei still! ...

O r d n u n g s h ü t e r. Wenn Sie denken, dass Jewgenij Denisowitsch Gewalt ausgesetzt war, befinden Sie sich im Irrtum. Ich sage es ganz offen, bei uns gibt es einige Hitzköpfe. Aber in diesem Fall war seine Flucht durch nichts begründet, und dann ist er, völlig hinterhältig, in dem Moment ausgerissen, als die Tür zur Personenannahmestelle offen war, um einen neuen Klienten einzulassen. Verstehen Sie mich, das ist ein Extremfall. So etwas ist noch nie vorgekommen! Wir haben noch seine Dokumente, seine Kleidung, die Tasche mit dem Manuskript eines unfertigen Romans und seine Uhr. Wenn ich Jewgenij Denisowitsch nicht in unsere Anstalt zurückbringe, reißt man mir morgen den Kopf ab. Uns allen wird der Kopf gewaschen. *(Schreit.)* Jewgenij Denisowitsch! Ich weiß, dass Sie hier sind! Ich versichere Ihnen, Sie haben nichts zu befürchten! Kommen Sie sofort heraus!

Pause.

F r a u. Sehen Sie, da ist niemand.

O r d n u n g s h ü t e r. Ich bin davon überzeugt, er ist da. (*Schreit.*) Jewgenij Denisowitsch! Jewgenij Denisowitsch!

Pause. Alle horchen, aber es bleibt still.

M a n n *(plötzlich).* Sie wollen doch nicht etwa sagen, dass Ihr wie hieß er noch Jewgenij Denisowitsch in meinem Schrank versteckt ist?

F r a u. Grigorij! Misch dich nicht ein!

O r d n u n g s h ü t e r. Warum denn gerade im Schrank? Ich denke, dass er sich einfach im anderen Zimmer aufhält. Höchstens, dass er hinter dem Vorhang steht, und allerhöchstens, dass er sich unter dem Bett versteckt hat. Aber warum ausgerechnet im Schrank? Sie müssen nicht alles ad absurdum führen.

M a n n *(zur Frau).* Heißt das, im Schrank ist gar niemand?

F r a u. Jetzt hör doch auf mit deinem Schrank! Natürlich nicht! Wer kann schon im Schrank sein? *(Zum Polizisten)* Mein Mann weiß nichts, er ist gerade nach Hause gekommen, er war nicht zu Hause. Grischa, geh, funk nicht immer dazwischen.

O r d n u n g s h ü t e r. Sie waren nicht zu Hause? Sie sind vor kurzem gekommen? Sie wissen also nichts?

M a n n. Ich war bei Rudokopow. Übrigens muss ich mich vor Ihnen nicht rechtfertigen. Und überhaupt, Ihre Papiere, Genosse!

O r d n u n g s h ü t e r. Bitte ... *(Gibt sie dem Mann, sich der Frau zuwendend.)* Verzeihen Sie, Madame, ich hätte mich sofort ausweisen sollen, gleich nach dem Hereinkommen. *(Zum Mann)* Sie waren also bei Rudokopow?

F r a u. Grischa, gib den Ausweis zurück. Geh, ich komm schon allein zurecht.

M a n n *(konzentriert den Ausweis prüfend).* Nein … hier stimmt doch etwas nicht. Ich sage dir, etwas stimmt nicht. Der Schrank, der Schrank …

O r d n u n g s h ü t e r *(den Ausweis zurücknehmend).* Apropos Schrank, die Masche ist ziemlich naiv. Sie versuchen abzulenken, Verehrtester. Könnte ich nicht Ihre Papiere sehen?

M a n n. Sonst noch was! In meinen eigenen vier Wänden!

O r d n u n g s h ü t e r. Wunderbar. Ich bestehe nicht darauf. Sie sind zu Hause. Ihre Hose ist Ihnen zu klein, das ist der springende Punkt. Sehen Sie, Madame.

M a n n. Was der für Unsinn redet! Verstehst du eigentlich irgendetwas?

O r d n u n g s h ü t e r. Ihre Hose ist Ihnen zu klein, woraus ich schließe, dass Ihre Hose nicht Ihnen gehört.

M a n n *(verblüfft).* Wem gehört sie denn sonst?

O r d n u n g s h ü t e r. Madame?

F r a u. Die Hose gehört meinem Mann.

O r d n u n g s h ü t e r. Das wollte ich gerade hören! Sie haben eine Hose des Mannes von Madame angezogen!

M a n n. Der Mann von Madame bin ich!

O r d n u n g s h ü t e r. Machen Sie keine Witze.

Pause. Den Eheleuten hat es anscheinend die Sprache verschlagen – sie sind verblüfft. Der Polizist geht durchs Zimmer.

Der Fall ist wirklich außergewöhnlich. Aber ich habe schon alles durchschaut. Zur Rechtfertigung meiner Schwerfälligkeit, Madame, möchte ich Sie darauf hinweisen, dass ungeachtet der weit verbreiteten Meinung viele Mitarbeiter im Dienste der Rechtsordnung sich Gesichter in äußerst unbefriedigendem Ausmaß merken können. Leider gehöre ich auch zu diesen. Etwas Ähnliches lässt sich auch bei Verkäufern großer Kaufhäuser beobachten. Der ständige Wechsel von Gesichtern, die vor den

Augen vorbeihuschen, unterdrückt einige Bereiche der Hirnrinde, die hauptsächlich für das Gedächtnis verantwortlich sind. Außerdem kann ich sagen, dass für Vertreter der Machtstrukturen in Anstalten wie der unsrigen das menschliche Gesicht nicht das Wichtigste ist. Wir schauen selten in die Gesichter. Ziehen Sie sich aus bis auf die Unterhose, und ich werde nicht eine Sekunde zweifeln, ob Sie es sind oder nicht. Sie! Sie waren nicht bei Rudokopow!

Mann. Wo war ich denn sonst?

Ordnungshüter. Sie waren in der Ausnüchterungszelle. In unserer!

Mann. Verschwinden Sie, aber sofort!

Ordnungshüter *(Unterstützung suchend).* Madame?

Frau. Nein, das ist, wirklich, ein Missverständnis …

Ordnungshüter *(vorwurfsvoll den Kopf schüttelnd).* Madame … Habe ich Ihnen etwa irgendetwas vorgeworfen? Sie haben rein menschlich gehandelt.

Mann. Er ist verrückt!

Ordnungshüter. Sie, nicht ich, Sie, Jewgenij Denisowitsch, haben sich wie ein Wahnsinniger benommen! Es hat Sie doch keiner bedroht! Sie haben doch nicht etwa gedacht, dass man Sie vermöbeln wird? ... Wir leben doch bis zu einem gewissen Grad in einem Rechtsstaat! … Na, ruhig, ruhig, es ist schon alles überstanden … wir werden Freunde … kommen Sie, wir gehen wir werden erwartet …

Mann. Ich gehe nicht! ... Ich gehe nirgendwohin! ...

Ordnungshüter. Aber ich bitte Sie inständig … Ich bitte Sie, wie ein Leser den Schriftsteller, wenn Sie so wollen Bitte … Sie bleiben ein wenig, und wir entlassen Sie wieder. Sie müssen aber ein wenig bleiben. Alles andere wäre absurd.

Mann. Nastja, Nastja …

Frau. Grischa, auf seine Art hat er Recht … es ist wohl besser, wenn du gehst, meinst du nicht auch?

Mann. Wohin?

F r a u. Na, dorthin ... egal wohin ... Grischa, ich hol dich da raus, hab keine Angst, geh. Du vertraust mir doch? Oder vertraust du mir etwa nicht?

M a n n. Warum soll ich irgendwohin gehen?

F r a u. Wie kannst du das denn nicht verstehen? Entweder du, oder nicht du … Sei doch kein Egoist. Geh schon. Es muss sein.

M a n n. Ich bin dein Mann, Nastja! Ich bin nüchtern!

F r a u. Umso besser, dann hast du ja nichts zu befürchten.

O r d n u n g s h ü t e r. Madame, ich verspreche Ihnen, dass wir die Kleidung Ihres Mannes zurückbringen.

F r a u. Verlass dich auf mich, mein Schatz, und unser Gewissen bleibt rein … *(Küsst ihren Mann.)*

O r d n u n g s h ü t e r. Ich schwöre, Madame, Jewgenij Denisowitsch wird nicht ein Haar gekrümmt werden!

M a n n. Ich bin nicht Jewgenij Denisowitsch! Den Roman „Oblom“ habe ich nicht geschrieben!

O r d n u n g s h ü t e r *(ironisch)*. Ja, natürlich, Sie waren ja bei Rudokopow.

M a n n. Aber der im Schrank bin doch nicht ich! Nastja, ich bin doch nicht der im Schrank, oder?!

O r d n u n g s h ü t e r. Gehen wir, gehen wir, dort wird sich alles klären.

Er führt ihn ab.

Die Frau läuft zum Schrank. Sie berührt die Schranktür.

F r a u. Jewgenij Denisowitsch ... Jewgenij Denisowitsch! ... Sie sind gerettet!

Musik, Licht aus usw.

Aus dem Russischen von Elisabeth Holzinger

Jewgenij Wodolaskin

Die Wahrheit über Schliemann

Autoren, die über Heinrich Schliemann schrieben, wiesen des Öfteren auf seine „pathologische Verlogenheit" hin. Mit dieser schonungslosen Formulierung meinten sie eine gewisse Diskrepanz zwischen dem, was Schliemann über sich selbst erzählte, und der „objektiven Realität". In der objektiven Realität wurde Schliemann beispielsweise niemals vom nordamerikanischen Präsidenten empfangen und war auch nicht Zeuge beim Brand von San Francisco, obwohl er dies gerne erwähnte. Er war nie Direktor der Staatlichen Bank in Petersburg, obwohl er nicht zögerte, diese Dienststelle bisweilen neben seiner Unterschrift anzugeben. Die „objektive Realität" war für Schliemann nun einmal kein wirkliches Maß.

Weitaus wichtiger erschien ihm die Kategorie der subjektiven Realität, mit der seine Worte durchaus in Einklang standen. Eben diese subjektive Realität veranlasste ihn, eine Dame, mit der er in Paris zufällig ins Gespräch gekommen war, davon zu überzeugen, dass er in Moskau geboren sei. Voll Verwunderung über den eigenen Eifer bei der Verfechtung dieser These notierte Schliemann in sein Tagebuch, dass er sich während des Gesprächs „so sehr daran gewöhnte, dass er sich schließlich selbst für einen Moskauer hielt".

Ein andermal schildert Schliemann, wie ihm während seiner Romreise (im Jahr 1858) ein Mann, den er zufällig beim Petersdom getroffen hatte, drei Stunden lang einen Text korrigierte, der von Schliemann auf Italienisch verfasst worden war. Die Geschichte könnte schon deshalb unwahrscheinlich anmuten, weil sich dieser Mann als der herausragende italienische Philologe und Kardinal Angelo Mai herausstellt. Es trägt weiters nicht zu ihrer Glaubwürdigkeit bei, dass Mai bereits im Jahr 1854 verstorben ist, das heißt vier Jahre vor dem behaupteten Treffen mit Schliemann. Am unglaublichsten an dieser Geschichte ist aber, dass sie von Schliemann im *Tagebuch* niedergeschrieben wurde. Ich denke, nach all dem wird es keiner wagen, Schliemann einen Lügner zu nennen, genauso wenig wie, nebenbei bemerkt, kein verantwortungsvoller Mensch seinen Landsmann Hieronymus Carl Friedrich von Münchhausen der Unwahrheit zeihen würde.

Zur Entschärfung der harten Anschuldigungen an die Adresse Schliemanns schlägt der bekannte Petersburger Altertumsforscher Aleksandr Konstantinowitsch Gawrilow einen vernünftigen Ausweg vor: „Sagen wir lieber so: Schliemann mag es nicht, allen immer ein und dasselbe zu erzählen". Am Ende des Buches kommt Aleksandr Konstantinowitsch noch einmal auf Schliemanns „pathologische Verlogenheit" zurück und präzisiert: „Angemessener wäre es, zu sagen, dass Schliemann nicht pathologisch wahrheitsverliebt war". Dieses Buch würde ich allen zur Lektüre empfehlen, die sich für Schliemann interessieren, aber auch denen, die erfahren möchten, was ein brillant geschriebenes Buch ist.

Mich selbst erstaunen an der Geschichte Schliemanns nicht die Phantastereien. Weitaus verwunderlicher erscheint mir das, was man die Wirklichkeit seines Lebens nennen kann.

Johann Ludwig Heinrich Julius Schliemann (1822–1890), der fünfte Sohn in der Familie eines Mecklenburger Pastors, verlässt in seinem zwanzigsten Lebensjahr seine Heimat und beschließt nach Venezuela auszuwandern. Das Schiff strandet vor der holländischen Küste und Schliemann gelangt nach Amsterdam, wo er als Angestellter in einem Kontor Arbeit findet. Dort lernt er Holländisch, Spanisch, Italienisch und Portugiesisch und perfektioniert gleichzeitig sein Englisch und Französisch. Nach und nach entwickelt Schliemann ein eigenes Sprachlernsystem, welches er dann sein ganzes Leben lang befolgt. Eines schönen Tages kommt Russisch an die Reihe. Das lernt Schliemann nach einer zufällig erworbenen Grammatik, wobei er als Text für Leseübungen allem Anschein nach die „Telemachie" von Wasilij Trediakowskij verwendet. Da er trotz aller Versuche keinen Muttersprachler zur Korrektur seiner mündlichen Ausdrucksweise finden kann, wirbt Schliemann einen Habenichts an, den er dafür bezahlt, dass er beim auswendigen Rezitieren der „Telemachie" anwesend ist. Der Zuhörer versteht kein Russisch, und das Experiment endet für ihn günstig. Schliemann reist nach Petersburg und eröffnet dort schon nach einem Jahr ein eigenes Handelshaus. Im Krimkrieg beliefert er die russische Armee mit Blei, Schwefel und Salpeter. Während seiner Zeit in Russland lernt er Polnisch, Slowenisch, Dänisch, Schwedisch, Neu- und Altgriechisch, Latein, Arabisch, Persisch, Hindi und Sanskrit. In den zwanzig Jahren, die Schliemann in Petersburg verbringt, wird er zum Millionär. Er stellt seine unternehmerische Tätigkeit ein und reist aus Russland ab. Ihn lockt Troja. Im Unterschied zur Mehrzahl der „Zunft"- Wissenschaftler glaubt er nämlich daran, dass man es nach der Beschreibung Homers finden kann. Und er findet es. In den letzten zwanzig Jahren seines turbulenten Lebens erlernt Schliemann auch noch Türkisch und Althebräisch.

Und was können wir aus dem Leben Heinrich Schliemanns lernen?

Die professionelle Wissenschaftsgemeinschaft kann daraus Demut lernen. Sie machte sich über den erfolgreichen Unternehmer lustig und hielt sein wissenschaftliches Engagement für eine Schrulle. Dieses *enfant terrible* der internationalen Wissenschaft machte alles in seinem Leben anders. Er lernte Sprachen auf unkonventionelle Art und nahm naiv an, dass ein Epos die berüchtigte „Realität" widerspiegle. Und er bekam das, woran er glaubte: Die Sprachen erlernte er so, dass er in den meisten von ihnen völlig frei sprechen konnte, und – was am wichtigsten ist – er grub schließlich Troja aus.

Unserer wohlhabenden Klasse hat Schliemann gezeigt, dass es, selbst wenn man schon auf die fünfzig zugeht, noch nicht zu spät ist, etwas Ernsthaftes in Angriff zu nehmen. Viele unserer Oligarchen sind noch keine fünfzig. Das heißt, sie haben noch Zeit zum Überdenken.

Und schließlich bewies Schliemann uns allen gemeinsam das Wichtigste: Dem Menschen ist nichts unmöglich.

Aus dem Russischen von Tobias Wirthensohn

Jewgenij Wodolaskin

Vivat academia

In früheren Zeiten waren die Mitarbeiter des Instituts für Russische Literatur, kurz „Puschkin-Haus“, verpflichtet, zum Ernteeinsatz auf die Sowchose Fjodorowskoe zu fahren. Im September ernteten sie dort Steckrüben. In der nüchternen Sprache von Wikipedia ausgedrückt ist die Steckrübe eine Futterrübe, eine Pflanze aus der Gattung der Kohlgewächse. Manchmal ernteten sie auch Kartoffeln, ein Gewächs, das seinerzeit von Katharina der Großen zwangsweise eingeführt worden war. Seltener Petersilie. Die Literaturwissenschaftler standen in den Beeten und banden die Petersilie büschelweise zusammen. Der Plastikfaden rieb ihre Finger schnell wund. Die Wissenschaftler trösteten sich damit, dass die Feldarbeiter es nie leicht hatten, auch nicht in den von ihnen untersuchten Texten.

Auf den Feldern der Sowchose Fjodorowskoe fehlte den Mitarbeitern des Puschkin-Hauses im Grunde genommen nur eines: das Volk. Sie kannten es aus der russischen Literatur, wollten es nun aber auch in natura sehen. Sie wunderten sich, wo denn die örtliche Bevölkerung sei. Vielleicht genierte sie sich. Oder existierte gar nicht?

Einmal erschienen am Rande des Feldes von der Sowchose her zwei winzige Gestalten. Näher gekommen verwandelten sie sich in zwei hübsche Mädchen. Solche, wie Mädchen aus der Sowchose Fjodorowskoe sein mussten: vollbusig, blauäugig. Und mit Zöpfen. Sie traten an die Männer vom Puschkin-Haus heran und sagten:

„Wir suchen unsere Kollegen. Ist das die Akademie der Künste?“

„Nein“, antworteten die Männer, „ das ist die Akademie der Wissenschaften.“

Aus dem Russischen von Elisabeth Holzinger

Jewgenij Wodolaskin

Demokratiedämmerung

Wie ich schon erzählt habe, pflegte man im Herbst alle Mitarbeiter unseres Akademieinstituts für russische Literatur, kurz „Puschkin-Haus“, auf die Sowchose Fjodorowskoe zu schicken, um Wurzelgemüse zu ernten. Die Beziehungen zur landwirtschaftlichen Kultur gestalteten sich nicht einfach, und trotz der (gänzlich unerklärlichen) Rekordleistungen einzelner akademischer Rübenleser waren die Durchschnittswerte der Ernte ziemlich mäßig. Die Produktionsziffern wurden zum Teil aber durch andere Werte des literaturwissenschaftlichen Kontingents ausgeglichen. Unter den Helfern, die der Brigadierin Ljuba zugeteilt waren, fanden sich mindestens ein Dutzend habilitierte und noch mehr promovierte Personen, und das schmeichelte unserer Ljuba offensichtlich. Trotz ihrer Einsilbigkeit (sie vermied es, mit den Untergebenen ins Gespräch zu kommen) wusste sie jedoch so paradoxe Situationen im Leben zu schätzen.

Die großen und kleinen Widersprüche gefielen auch uns. Der Name der Örtlichkeit Fjodorowskoe bezog sich auf ein ehemaliges Landgut, und als Neutrum stimmte es mit dem Femininum Sowchose im grammatikalischen Geschlecht nicht überein; das hochtrabende Wort „Wurzelgemüse“ klang fast bourgeois und vertrug sich ebenfalls schlecht mit der sozialistischen Landwirtschaft, die sich hinter dem Wort „Sowchose“ versteckte; aber das Wichtigste (das war wirklich das Wichtigste!): Die Felder der Sowchose Fjodorowskoe lagen direkt neben dem Schlosspark von Pawlowsk. Die Nachbarschaft solch unvereinbarer Elemente machte einen schwindlig, wie auch die scharfe, feuchte Luft des Parks: Viele von uns verzichteten auf den Sowchosen-Zubringer und gingen nach der Arbeit zu Fuß durch den Park zum Bahnhof.

Für das Schwindelgefühl gab es noch einen anderen Grund. Der hatte nichts mit der Sowchose Fjodorowskoe zu tun und auch nicht mit dem Schlosspark von Pawlowsk. Denn in diesen Tagen fand die Versammlung der Volksdeputierten statt, die ganz im Zeichen der sich anbahnenden Perestrojka stand. Auf einer Ackerfurche war ein kleiner Radioempfänger platziert, der live aus Moskau übertrug. Es arbeiteten nur diejenigen, die sich direkt neben dem Empfänger befanden, die Übrigen kamen immer näher und positionierten sich in Hörweite. Während sie sich von ihren Posten entfernten, hielten sie vorsorglich die frisch ausgegrabenen Knollen in der Hand. Obwohl man Ljuba da nichts vormachen konnte, blieb sie bei ihrer Taktik und sagte nichts. Ihre schweigende Missbilligung sprach für sich.

Der Spaziergang durch den Park dauerte eine Weile, sodass es schon ziemlich spät war, als wir endlich den Bahnhof erreichten. Am Bahnsteig waren nur wenige Leute. Einige von unserer Gruppe flanierten vor dem Bahnhofgebäude auf und ab, ich aber blieb mit ein paar Kollegen auf der Bank sitzen. Vor uns, dicht an der Bahnsteigkante, stand ein Mann, vom Aussehen her ein Bauer, in übergroßen Stiefeln. Neben ihm lag ein Sack, der sich von Zeit zu Zeit bewegte, was aber offensichtlich niemanden wunderte. Das Gesicht des Bauern war rau und wetterhart, wie es eben für einen typisch ist, der jemanden in einem Sack festhält. Ich überlegte gerade, wer sich da drinnen bewegen mochte, als Ljuba sich auf unsere Bank setzte. Sie fuhr wohl auch irgendwohin. Ljuba schaute gleichgültig geradeaus, als ob sie uns nicht bemerken würde. Von Zeit zu Zeit senkte sie den Kopf und blies von oben warme Luft in ihre Wattejacke.

Da ging der Sack auf und heraus sprang ein Ferkel, nicht größer als ein kleiner Hund. Und unglaublich rosa. Es lief über den Bahnsteig von einer Seite zur anderen und quiekte ausgelassen. Aus seinem Quieken klang offensichtliche Freude: So quiekt man nur aus Vergnügen. Der strenge Bauer setzte sich voll Würde in Richtung Ferkel in Bewegung. Er jagte keineswegs hinter dem Flüchtling her, sondern stellte ihm einfach seinen riesigen Stiefel in den Weg. Das Ferkel blieb wie versteinert stehen. Wahrscheinlich ist das die beste Methode, Ferkel zu fangen. Der Bauer packte es und steckte es in den Sack. Die bisher so schweigsame Ljuba wandte sich zu uns und sagte klar und deutlich: „So endet Demokratie."

Das Verhältnis zur Demokratie und zu denjenigen, die sich mit ihr identifizierten, hat sich im Puschkin-Haus im Laufe der Zeit verändert. In den Augen der einen hat diese Idee wegen ihrer Begleiterscheinungen in Russland spürbar an Anziehungskraft verloren. Für die anderen ist sie in die Sphäre des Sakralen übergegangen und hat endgültig die reale Dimension verloren. Die Dritten haben dieses Koordinatensystem überhaupt verlassen und sich in einen Bereich der inneren Freiheit begeben, der sich wohl als der zuverlässigste und sicherste Zufluchtsort erwiesen hat. Wir alle, ohne Ausnahme, mussten uns in den vergangenen Jahren mannigfaltige Ausführungen über Demokratie anhören. Auch tiefschürfendere und ausführlichere als die von Ljuba. Aber keine davon war so anschaulich wie die ihre.

Aus dem Russischen von Emanuel Klotz

Jewgenij Wodolaskin

Zweierlei Maß

Vor ein paar Jahren führte mich eine Studienreise nach Mailand. Während eines Stadtspaziergangs suchte ich eine öffentliche Toilette auf. Denn auch auf Studienreisen erlaubt man sich Spaziergänge, die einen Kaffee, ein Bier oder andere angenehme Getränke mit einschließen. Danach – die übliche Geschichte – rennt man herum auf der Suche nach einer Toilette. Solche Geschichten sind mir in Deutschland und England passiert und sogar in Frankreich, wo die Angestellten in den öffentlichen Toiletten „Madame Pipi" genannt werden. Und auch in Mailand ist es mir so ergangen.

In Italien gibt es eine Besonderheit: Man spricht dort äußerst ungern fremde Sprachen. Was, im Grunde genommen, auch verständlich ist – wenn man Italienisch kann, ist es einfach lächerlich, in andere Sprachen zu wechseln. In Bezug auf die Toilette hat das übrigens keine besondere Bedeutung, da der Preis des Besuchs beim Eingang aushängt und der Ablauf der Handlungen jedem bekannt ist. Es war noch zu Zeiten der Lira. Ich bezahlte die auf dem Aushang vorgeschriebenen 400 Lire (das stimmte mich schon „lirisch" ein) und betrat die Toilette. Kurz darauf wurde ich beim Versuch, dieselbe zu verlassen, angehalten.

Ohne Rücksicht auf eventuelle Verständigungsprobleme forderte die Bedienstete von mir 400 Lire. Wie in einer alten Anekdote („ein Ausländer erklärt mit dem Fingeralphabet, dass er Stinke heißt") versuchte ich meinerseits, ihr die schwierigere Information zu übermitteln, dass ich die 400 Lire schon bezahlt hätte. Es wunderte mich, dass sie das so schnell wieder vergessen hatte. Mit einer energischen italienischen Handbewegung zeigte die Frau auf das Plakat und ich sah dort eine klein gedruckte Anmerkung, in der etwas von 800 Lire geschrieben stand, allerdings in einem mir unverständlichen Kontext. Ich war ratlos. Wem, fragte ich mich, wird in dieser Toilette das Doppelte in Rechnung gestellt? Den über 18-Jährigen? Personen männlichen Geschlechts? Nichtmitgliedern der Gewerkschaft? Schließlich – im Sinne von zweierlei Maß: War es vielleicht ein besonderer Tarif für Bürger der Russischen Föderation?

Ich zuckte mit den Achseln und griff nach der Geldbörse. Die Frage schien mir nicht von essenzieller Bedeutung zu sein, und ich war bereit zu zahlen. Aber – ich hatte mit den Achseln gezuckt. Diese Geste brachte meine Gesprächspartnerin aus der Fassung. Sie drückte die Geldbörse in meine Hände und gab mir ein Zeichen zu warten. Einen Augenblick später kam sie mit einer anderen Frau zurück. Diese sprach ein bisschen Englisch und klärte mich sogleich auf.

„400 Lire – das ist für das kleine Geschäft", sagte sie und näherte Daumen und Zeigefinger einander an. „800 aber", sie breitete die Arme weit auseinander, „für das große."

Die Toilettenfrau nickte. Wie unterschiedlich Bedürfnisse sein können, wusste sie wie keine andere.

„Aber ich habe ja ein kleines Geschäft verrichtet", sagte ich bescheiden. Es geht hier nicht um die 400 Lire. Ich habe wirklich ein kleines Geschäft verrichtet. Ich näherte auch meinen Daumen dem Zeigefinger. Als sie meine Geste sah, schlug sich die Toilettenfrau auf den Oberschenkel. Ihre Rede war kurz, aber flammend.

„Sie sagt", ließ mich die Übersetzerin wissen, „dass sie eigens aufgepasst hat, wohin Sie gehen. Und Sie sind nicht zum Pissoir gegangen, sondern in die Kabine."

Das war richtig. Die Toilette ist nicht der Ort, wo ich Kollektivismus pflege.

„Aber in die Kabine", ich fühlte, dass es hier ums Prinzip ging, „bin ich wegen eines kleinen Geschäfts gegangen."

Die Toilettenangestellte rollte mit ihren Augen und sagte etwas leise und schnell.

„Sie kann Ihre Erklärung weder bestätigen noch widerlegen", sagte die Übersetzerin. „Aber allein die Tatsache des Betretens der Kabine ist automatisch einem großen Geschäft gleichzusetzen."

Ich reichte meiner Opponentin das Geld und zuckte wieder mit den Schultern. Ich sagte, dass mir der doppelte Tarif merkwürdig erscheine, und mein Satz wurde übersetzt. Die Toilettenfrau zuckte ebenfalls mit den Schultern, aber in diesem Zucken war keine Verwunderung. Nur Entrüstung. Sie drückte mir energisch mein Geld in die Hand. Ich lächelte die Übersetzerin an und gab ihr das Geld.

„Sie ärgert sich über Ihr Unverständnis", sagte die Übersetzerin. „Unter solchen Umständen kann sie Ihr Geld einfach nicht annehmen. Obwohl sie ihrerseits Ihr Verhalten auch nicht verstehen will."

Ich war traurig, dass wir uns auf diese Art trennten. Ich denke, viel Unheil entsteht aus Unverständnis.

Aus dem Russischen von Tobias Wirthensohn

Tatjana Moskwina

Schönheit, das ist …

Ich mag keine hässlichen Menschen I-i-ich l-l-liebe alles Sch-schöne “ – so murmelte im Film „Das Land der Gehörlosen“ eine Figur namens Schwein. Diese Formel (übrigens vom Regisseur Walerij Todorowskij) trifft vollkommen zu – Missgeburten, Krüppel, hässliche und unattraktive Menschen (und auch alle, die sich so fühlen) sind niemals gleichgültig gegenüber der Schönheit. Was aber die Schönlinge und sogenannten Schönheiten selbst angeht, so zeigen sie in dieser Frage meistens eine eigenartige Gleichgültigkeit. Man schätzt das nicht, was man hat. Eine Schönheit kann einem unattraktiven, sogar einem hässlichen Mann Beachtung schenken, und ein gutaussehender Mann kann durchaus ein Mädchen von bescheidenem Äußeren heiraten. Autoren schlechter Filme brauchen hier keine besondere Fantasie aufzuwenden, das ist die Realität. Allerdings betonen solche Drehbuchschreiber, dass der oder die Auserwählte der Schönen hohe moralische Werte besitze, was an sich Quatsch ist. Nach meinen Beobachtungen werden schöne Menschen nur von zwei Dingen angezogen: Geld und Intelligenz (beides sehr reale Kräfte). Moralische Werte verwirren im Grunde nur …

Ich persönlich bin empfänglich für Schönheit, was ich leider zugeben muss – ich weiß, dass das eine Versuchung ist, aber was tun? Ich habe einen furchtbaren Geschmack. Mir gefallen zum Beispiel Jungs, die im Ballett tanzen. Übrigens finde ich auch die Männer in den Hitchcock Filmen, mit quadratischem Kinn und im grauen Dreiteiler, gut, keine Frage. Aber eigentlich sollte man an sich arbeiten und nicht dauernd in Begeisterung und

Entzücken ausbrechen. Nein, nein. Die Quintessenz der Welt liegt nicht in der Schönheit.

Übrigens, merkt euch fürs ganze Leben: Dostojewskij hat niemals, in keinem seiner Werke, geschrieben „Schönheit rettet die Welt". Im Roman „Der Idiot" sagt die Figur Ippolit Terentjew, ein schwindsüchtiger junger Mann, nach seinem rührenden Geständnis zu Fürst Myschkin: „Fürst, Sie haben, glaube ich, einmal gesagt, dass die Schönheit die Welt errette." Das ist alles, was wir haben: Die Annahme eines verrückten Jungen, dass der wunderliche Fürst vielleicht so etwas gesagt hat. Fjodor Dostojewskij war ein großer Denker, der manchmal die Wahrheit erkannte. Deshalb hat er die Behauptung „Schönheit rettet die Welt" einer Figur in den Mund gelegt, einem naiven Wirrkopf. Ja und das ist nicht sicher – es könnte sein, dass Ippolit die verworrenen Worte des Fürsten falsch verstanden hat. Fest steht nur, dass Dostojewskij selbst diesen Unsinn nicht mit seinem Namen bestätigte.

Wenn wir nur einen Teilbereich von Schönheit nehmen, nämlich die physische Schönheit des Menschen, die Attraktivität von Gesicht und Körper, so wird gerade in Dostojewskijs Romanen eines klar ersichtlich: Zerstören kann Schönheit allemal, sogar ihren Träger, retten kann sie aber nur in einem einzigen Fall. Und zwar in dem Ausnahmefall, wenn Schönheit sich mit dem Wahren und Guten vereint, und das trifft nur im Fall des Erlösers zu. Darauf warten wir seit mehr als zweitausend Jahren mit anhaltender Spannung. Es wird interessant, zu beobachten, wenn alles Verschiedenartige auf einmal zusammenkommt. Auf dass dieses Wesen nicht nur vernünftig, wunderschön, licht und klar sei, sondern auch noch andere Wesen liebe. Man kann sogar noch länger zuwarten, wichtig ist nur, dass es irgendwann eintrifft.

Aber losgelöst von allem anderen, nur für sich genommen, als ein Organisationsprinzip von Form, steht die Schönheit der Welt gleichgültig oder sogar feindlich gegenüber. Im Roman

„Der Idiot“ figuriert ja als verkörperte Schönheit eine Frau von fantastischer Anziehungskraft, Nastasja Filippowna, eine, die alles um sich zugrunde richtet. „Ach, wenn sie nur gut wäre! Alles würde gerettet “, träumt Fürst Myschkin am Anfang des Romans, als er das Porträt der verhängnisvollen Dame sieht. Wenn sich also die Schönheit mit dem Guten vereinen würde, wäre alles gerettet. Aber weder in der Welt des Romans noch in der realen Welt sehen wir eine solch göttliche Kombination.

In der Regel sind die Schönen böse und dumm, die Guten hässlich und die Klugen eine eigene Kategorie. Innerhalb der menschlichen Bereiche vereinen sich diese göttlichen Eigenschaften nie und nimmer. Man wird sich entscheiden müssen, was man bevorzugt.

Ich persönlich bin natürlich auf der Seite des Verstandes. Von ihm hat man einen größeren Nutzen, mit ihm ist es insgesamt interessanter. Noch dazu, wo die Welt von heute mit der industriellen Überproduktion von Schönheit beschäftigt ist. Es gibt schon so viel Schönheit, dass einem ganz übel wird. Es ist an der Zeit, schöne Frauen in einem Wassereimer zu ertränken wie einen störenden Katzenwurf. Die Werbeschönheiten, die ihre Reize an den Wänden der ganzen Welt zur Schau stellen, haben den Wert normaler Frauen inzwischen gegen null gedrückt. Außerdem können diese unglückseligen Idiotinnen, die an geistiger Insuffizienz leiden, heutzutage über ihr Äußeres nach eigenem Ermessen verfügen. Wenn früher Nasen und Lippen streng nach einem von der Natur festgelegten Plan verteilt wurden, so lassen diese Idiotinnen heutzutage an ihrem Gesicht rumschneiden, um so einem idiotischen Ideal näher zu kommen. Dadurch wird der individuelle Liebreiz eines Gesichts zerstört, der sich, nach Meinung der Idiotinnen, an irgendeinem „überflüssigen“ Millimeter Epidermis festmachen lasse. Die künstliche, tote „Schönheit“ des neuen, fehlerlosen Gesichts empfindet die arme Idiotin als Erfolg. Die Schönheitsvorstellungen der Massen werden leider von ekelhaften, konjunkturabhängigen Standards geprägt, für deren Verwirklichung die Persönlichkeit zerstört wird. Vorläufig sind die Gesichtsoperationen noch teuer und schmerzhaft, sodass durch natürliche Angst und fehlendes Geld noch eine gewisse Barriere besteht; aber was würde aus dem weiblichen Äußeren entstehen, wenn eine Veränderung so einfach wie eine Bildbearbeitung im Computer wäre?

In den Städten würden ganze Regimenter von etwa sechs bis sieben Grundtypen gleich aussehender Idiotinnen im Gleichschritt marschieren.

Und Sie sagen – Schönheit. Ein bisschen mehr Verstand würde der Welt guttun. Und was das Gute angeht Einfach nur traurig.

Aus dem Russischen von Tomislav Rosić

Tatjana Moskwina

Tante Motja als Model

In einer deutschen Zeitschrift gingen revolutionäre Veränderungen vor sich: Man nahm nicht mehr Models als Fotomodelle, sondern gewöhnliche Frauen, ähnlich den Leserinnen.

Die Leserinnen waren bis dahin ständig gezwungen gewesen, in der Zeitschrift schöne, körperlose Gespenster anstelle der kompakten Wirklichkeit zu betrachten, und wurden daher nervös, verwirrt und unruhig. Da kam ihnen die Zeitschrift entgegen.

„Oh", sagte ich, „jetzt geht's los."

Nein, meine sorglosen Freunde! Das ist nicht einfach ein kleiner Vorfall aus dem deutschen Leben. Es ist das erste Grollen eines aufziehenden Donners – ein Sturmvogel als Vorbote des künftigen Krieges.

Was ist denn nun aber wirklich geschehen? Leserinnen in aller Welt sind schon lange genervt angesichts der Kluft zwischen den Idealen des Glamours und der tristen Realität. Es geht im Grunde aber nicht um sie, sondern um die Zeitschrift, die plötzlich beschloss, darauf zu reagieren. Jahrzehntelang hatte man auf allfällige Nervenzusammenbrüche der Weibsbilder als Leserinnen und Fernseherinnen gepfiffen. Man hängte ihnen alles an, was man nur wollte. Man traumatisierte sie durch den Anblick unerreichbarer Proportionen und berechnete gut gelaunt den daraus entstehenden Profit. Das Geschäft mit dem weiblichen Idiotismus war eines der verlässlichsten und lukrativsten. Und plötzlich dann dieser eigenartige Schritt, fast wie eine versöhnliche Geste. Die Models werden verbannt, und an ihre Stelle sollen gewöhnliche Weibsbilder treten, um gewöhnliche Weibsbilder zu erfreuen.

Die Deutschen scheinen als Erste eine allgemeine Tendenz erkannt zu haben. Da reift etwas heran und gewinnt an Kraft, was die Modelwelt gewaltig erschüttern könnte. Und zwar nicht nur die Modezeitschriften und Laufstege.

Es geht darum, dass sich die Spießer heutzutage überhaupt nicht mehr als Spießer fühlen, das heißt als Staubkorn, Wurm oder Insekt. Denn sie werden schon seit geraumer Zeit nicht mehr verachtet, keiner klagt sie mehr als Spießbürger an – die deutschen Romantiker und die proletarischen Dichter waren diesbezüglich die Letzten. Ganz im Gegenteil – heute jagt man hinter ihnen her, lobt sie, schmeichelt ihnen, ja mehr noch: Von ihrer Liebe träumen alle Produzenten, einschließlich die der Künste, ganz zu schweigen von den Politikern (Wählerstimmen, Wählerstimmen!). Unter dem Druck einer derartigen Vergötterung der eigenen Jämmerlichkeit beginnt der Spießbürger nun sich zu verändern.

Im Innersten seiner Seele war ihm bis zum heutigen Zeitpunkt sehr wohl bewusst, dass er scheiße ist. Deshalb liebte er es, Symbole des Unzugänglichen zu betrachten, Vorbilder des Erhabenen aufzusaugen, seien sie auch so glamourös-karikaturhaft übertrieben und verzerrt. Ihm gefielen sehr reiche, sehr schöne, sehr mächtige und manchmal sogar sehr kluge Leute.

Aber die inzwischen allseits verbreitete Adoration des Spießbürgers bewirkte einen Umschlag: Jetzt scheint es ihm, als ob er selbst das Wunderbare und Erhabene sei. Er selbst, so wie er ist!

Deshalb braucht man auch keine Modelle. Weder Modelle der Schönheit noch solche des Verstandes oder der Professionalität. Denn sonst müsste man sich nach diesen Vorbildern richten, sich selbst modellieren, das heißt sich verändern. Und dafür braucht man den Wunsch zur Selbstveränderung. Und hier trennen sich nun die Wege unserer Spießbürger: Die einen möchten sich selbst verändern, auch wenn es nur kleine Änderungen sein sollten, ein kleines bisschen, zumindest ein paar Kilo abspecken und anstatt des Scheißpullis ein Kleid vom Ausverkauf anziehen.

Die anderen wollen überhaupt keine Änderungen. Es gibt immer mehr von denen. Sie werden immer mächtiger. Man muss sie bereits bei Laune halten, ihnen einen Knochen zuwerfen, denn sie fletschen schon die Zähne.

Die deutsche Zeitschrift, die ihnen die Models als Knochen zugeworfen hat, ahnt noch nicht, dass man nicht so billig davonkommen wird. Unmittelbar nach den Models wird man dem sogenannten kleinen Mann auch noch die Autoren von Texten ausliefern.

Diese Texte, wie stumpfsinnig sie auch immer sein mögen, enthalten viel zu viele Buchstaben, allzu gewandte Phrasen und überhaupt – so schreiben Tante Bettina und Onkel Addi nicht. Man darf Tante Bettina und Onkel Addi nicht verwirren und beunruhigen, deshalb muss man die Texte so schreiben, wie die beiden schreiben, und die schreiben selbstverständlich gar nichts, und deshalb soll auch gar nichts geschrieben werden. Höchstens noch die Bildunterschriften für die Fotos von gewöhnlichen, einfachen, durchschnittlichen Tanten und Onkeln in normaler Kleidung mit klarem Blick und ungeschminkter Schönheit …

Ich stand der Welt der Models immer skeptisch gegenüber. Dennoch muss man anerkennen, dass dieses Teufelskarussell viel Arbeit, Begabung und Stärke erfordert. Ab und zu blättere ich ein Hochglanzmagazin durch, und dann bewundere ich all diese Feen, Masken und Furien. Dem Verstand sagt diese Welt zwar nichts, aber den Augen tut sie nicht weh.

Wenn nun aber die Tanten und Onkel den Sieg davontragen, und die Spießbürger glauben, das Schöne seien sie selbst, und wenn dieser Menschentyp sich so vermehrt und aggressiv in die Welt schwappt, dann werden Produzenten und Politiker mit ihm rechnen müssen – dann kommen äußerst gravierende Veränderungen auf uns zu, die nicht nur die Modezeitschriften, sondern alles um uns herum betreffen.

Stellen Sie sich vor, Sie nehmen eine „Vogue“ zur Hand, und da finden Sie von vorne bis hinten nur Tante Motja in den

Kleidern der Haute Couture. Sie schalten den Fernseher ein – auch dort ist Tante Motja. Zur Rettung eilen Sie in die Buchhandlung – und hier erwarten Sie ganze Regale voll mit Büchern verfasst von Tante Motja für Tante Motja. Sie fliehen in die freie Welt des Internets – haha. Dort zankt sich Tante Motja mit Tante Motja!

Sie meinen, das sei ein Trugbild?

Täuschen Sie sich nicht. Schauen Sie genauer hin. Die Abschaffung der Modelle und der Models ist bereits in vollem Gange. Die allgemeine Ausrichtung auf die Selbstzufriedenheit der Spießbürger hat längst begonnen. Tante Motja kommt immer näher!

Sie ist schon unter uns.

Aus dem Russischen von Barbara Planötscher

Tatjana Moskwina

Der Schönheitstyrann

„Weil ich es mir wert bin“

Wenn ich mir das so ansehe, muss ich gestehen, dass ich mich manchmal amüsiere. Ich bemerke recht lustige Sachen, wie zum Beispiel die zwei wichtigsten Frauenbilder in der Welt der Werbung.

Typ 1: Hausfrau, Mutter und brave Ehefrau, bekleidet mit einer farblosen, irgendwie bläulichen Bluse, aus der das weiße Unterhemd hervorblitzt. Haare: dunkelblond, meistens zu einem Pferdeschwanz gebunden. Gesicht: niedlich, ohne besondere Merkmale, zart, besorgt. Wirbt für: Waschmittel, Pflanzenöl, Joghurt, Suppen und Nudeln.

Typ 2: ungebundene Dame mit prächtigen Formen; große Augen, große Lippen, zugespachtelt; lange Haare. Zuständig für: Duschgels, Shampoos und Kosmetik, Schokolade, Kaffee und Pralinen.

Was für eine strenge, durchdachte Welt! Diejenige, die sich einen Lippenstift aussucht, weil sie es sich wert ist und vor lauter Wonne unter der Dusche stöhnt, darf sich nicht mehr für Waschmittel und Instantsuppen interessieren. Entweder verwöhnst du dich oder du schrubbst den Herd! Für die einen heißt es „genieß ein Stück vom Paradies“, für die anderen – ewige Bakterien im Klobecken und Rost auf dem Wasserhahn. Es ist nicht schwer zu erraten, welches Los den Konsumentinnen süßer und lieber erscheint. Ziemlich plump verrät die Schönheitsindustrie, deren Vorkämpfer die Werbung ist, ihre familienfeindliche Natur, obwohl sie auf Liebe zur Familie schwört und angeblich deren Interessen dient. Aber es ist lächerlich, die Schönheitsindustrie beim Wort nehmen zu wollen, weil sie ja eigentlich nichts verheimlicht. Ihre Philosophie ist grenzenloser Egoismus.

Erstaunlich aggressiv und hartnäckig ist diese Schönheitsindustrie! Die russische Welt der Schönheit und des Glamours ist höchstens fünfzehn Jahre alt, hat aber schon beträchtlich an Boden gewonnen und breitet sich langsam und stetig weiter aus. So ein Schönheitstyrann! Der König des Konsums, sozusagen!

Vor unseren Augen entfaltet sich zum Beispiel ein kolossaler Kampf zwischen dieser Welt des Glamours und der Welt der Krimiserien.

Die Krimiserie (mit mehr oder weniger detektivischen Elementen) ist ein Bereich, in dem sich unser Vaterland eindeutig hervortut. Im Verlauf von zehn Jahren entwickelte sich die Krimiserie bis in die Höhen des klassischen Balletts, lieferte Helden, bot Stil und wurde zu einer Art Chronik des Lebens in der Zeit des Umbruchs. Die ersten Folgen der „Straßen mit zerschlagenen Laternen", nach Erzählungen von Kiwinow, sind überhaupt so etwas wie ein Antiquariat: Dort ist ein Sankt Petersburg zu sehen, das noch nicht durch den Wahnsinn der Baufirmen verstümmelt ist, und eine besondere Art des Schauspiels (typbezogener Naturalismus mit einer romantischen Note), die inzwischen schon selten geworden ist. Es gibt viele gute Krimiserien, die meistens von echten Profis gemacht werden, und es findet eine gesunde Konkurrenz statt – kurzum, das Genre entwickelt sich und ist für die Zuschauer attraktiv.

Es ist nicht schwer zu verstehen, dass Krimiserien ein Gebiet sind, das der Schönheitsindustrie gegenübersteht und feindlich gesonnen ist. Dort kommt all das vor, was in der Welt des Glamours nicht sein darf: Tod, Gewalt, Leid, Schmerz, Angst, Armut und Dreck. Junge, attraktive Blondinen, die Stützen der Schönheitsindustrie, können in der Welt der Krimiserien höchstens am Müllplatz als verstümmelte Leichen herumliegen. Vereinfacht gesagt ist die Welt der Krimiserien männlich und die der Schönheit weiblich, und im Interesse der Kunst gibt es keine Überschneidungen.

So war es auch einige Zeit. Aber plötzlich begann die Erosion. Die Welt der Schönheit fing an, in die Krimiserien einzudringen – allmählich, aber hartnäckig –, indem sie ihre blonden und bisweilen rothaarigen Spioninnen schickte. Als Freundinnen, Praktikantinnen und Töchter getarnt schlichen sie sich in die raue Welt der Krimiserien ein und eroberten immer mehr Terrain. Plötzlich sah man eine beim Billardspielen mit dem Hintern wackeln, eine andere ein Kleidchen anprobieren und eine dritte mit ihrem Bullen-Freund über ihre Beziehung diskutieren. Und es geht noch weiter: Eine führt sogar die Ermittlungen, nach ihr die Nächste, und dann drang der ganze glamouröse Unsinn in die klassische Strenge des Krimis ein: Blümchen, schicke Sofas, Saunen, Schwimmbäder, „du verstehst mich nicht", „bring mich nach Hause", „wir müssen zusammen sein" Die Feministin Kamenskaja (die Protagonistin in den Kriminalromanen von Aleksandra Marinina) schlendert in der Serie von Regisseur Morosow mit einer perfekten Frisur herum und hat in jeder Szene eine andere Bluse an. Die Ermittlerin Mascha Schewzowa (die Protagonistin von Jelena Topilskaja), anfangs streng, klug und nicht glamourös, wurde zusehends zu einem Model, und dem nicht genug, wurden in der Krimiserie „Ermittlungsgeheimnisse" auch noch zwei weitere Schönheiten untergebracht! Die Welt der Krimiserien schwankte, verlor den Halt, wurde weicher, begann mit rosa Idiotismus und billigem Bling-Bling zu glitzern und in ihren herben Wortschatz mischten sich dummes Zeug, hysterisches Schluchzen und Seufzen und diese furchtbaren pseudobrasilianischen Beziehungsdiskussionen in Bars und auf schicken Sofas. Nein, ganz eindeutig: Die Welt des Glamours ist ein Gift, eine Seuche, ein Virus, eine Mikrobe, eine Pandemie. Sie zersetzt und verdirbt alles, was mit ihr in Berührung kommt. Man muss sie mit irgendeiner unbekannten Säure austreiben, ausrotten wie Staphylokokken. Glamour in Sicht – sofort töten.

Sonst zersetzt und vergiftet er alle Genres, den ganzen Kulturraum, in dem man zwar mühsam, wie durch einen Schnorchel, aber dennoch atmen kann.

Ich scherze natürlich. Oder auch nicht. Wie man es nimmt... Wenn Intellektuelle anfangen, über die Welt des Glamours zu reden, erweitern sie seinen Einflussbereich in Bereiche, die er ohne sie niemals erreichen würde, wie Viktor Pelewin in seinem Roman „Das fünfte Imperium" bemerkt – eine Beobachtung, die zweifellos von der Scharfsinnigkeit des Schriftstellers zeugt.

In der Tat entstehen immer wieder ernsthafte und reichlich mit Zitaten geschmückte Artikel und sogar Diskussionen über Dinge, die es überhaupt nicht wert sind, besprochen zu werden, seien es Bücher von Boris Akunin, Auftritte des Kleinkomikers Jewgenij Petrosjan oder Reality Shows. Gebildete Leute stellen geckenhaft ihre Belesenheit zur Schau und spinnen Gedankengänge, aus denen nur eines hervorgeht: Ein Phänomen, das keinerlei Rechtfertigung durch den Intellekt benötigt, bekommt höhere Weihen und Zugang zu neuen Dimensionen.

Was kann man erwidern, wenn es nichts zu erwidern gibt? Kai ist ein Mensch, Menschen sind sterblich, also ist Kai sterblich. Kai ist nicht zu beneiden, aber Logik ist eine Wissenschaft, und ihr Ziel ist, so viele sorglose Kais wie möglich zu entlarven und auf einen gemeinsamen Nenner zu bringen. Der Verstand versucht die Wirklichkeit zu durchdringen, die Welt der Schönheit ist ein Teil der Wirklichkeit, folglich muss der Verstand auch sie durchdringen. Indem er sich nun hochmütig auf Feindesland begibt, gerät er jedoch in die interessante Lage eines unsichtbaren Wesens. Er sieht, bemerkt, zeigt, tobt, zürnt und schimpft – wird jedoch auf dem Territorium der Schönheit nicht gesehen, nicht bemerkt, niemand ärgert sich über ihn und niemand polemisiert mit ihm. Da veröffentlichte der Intellektuelle Dugin ein Buch über Pop-Kultur, mit dem er sich hervortun wollte, aber es ist absolut unwahrscheinlich, dass die im Buch beschriebenen Personen oder ihre Fans seine Ausführungen lesen werden. So ist es auch mit der Welt der Schönheit: Es ist völlig ausgeschlossen, dass die große Masse der Schönheitskonsumentinnen dem Verstand folgt und überlegt, was sie da konsumiert. Das ist gerade so nutzlos und blasphemisch, als ob man mit Gläubigen über den Allmächtigen räsonieren wollte.

Die Welt der Schönheit und des Glamours ist auf das Wesentlichste gerichtet: Sie bietet einen Weg zum Heil. Was soll da der Verstand dabei?

Dieser Weg zum Heil ist breit, zugänglich, demokratisch, international, tolerant und effektiv. Der Weg des Glamours zum Heil ist mit Wichtigem verbunden: mit Schönheit, Weiblichkeit und Liebe. Nicht mit deren Wesen, sondern nur mit ihrer Form. Die Welt des Glamours könnte man einen dämonischen Doppelgänger der Schönheit nennen, was bereits Vladimir Nabokov in den 1920er Jahren bemerkte, als er eine Familie auf einem Werbeplakat „Teufelsbrut“ nannte und mit seinem durchdringenden Scharfblick feststellte, dass diese Brut einen „widerwärtigen Abklatsch des Guten“ darstelle.

Man kann sich leicht vorstellen, was der Schriftsteller damit meinte. So ein Werbeplakat könnte heutzutage in jedem beliebigen deutschen Museum als Symbol für die gute alte Zeit hängen. Eine deutsche Familie sitzt bei Tisch: ein rotwangiger Junge, ein kleines Mädchen im hübschen Kleidchen, die Mama blond und der Papa mit dem guten alten Schnurrbart, auf dem Tisch Kekse oder Kakao von echter deutscher Qualität – ein friedliches, gemütliches Bild. Eine glückliche Familie bei Tisch – ist das etwa nichts Gutes? Was macht dieses Bild zum „widerwärtigen Abklatsch“, worin liegt der Fehler, was ist daran widerwärtig?

Diese Widerwärtigkeit der Welt der Schönheit ist aber vorhanden und in jeder Epoche greifbar. Alles ist zu viel, übermäßig, übertrieben und Show. Allzu kitschig sind die unwahrscheinlich gleichmäßigen Locken des Mädchens, allzu sehr strahlen die blauen Augen des Jungen, allzu süß lächelt die Mama; das Ganze ist offensichtlich und übertrieben inszeniert. Es sind Kulissen, eine Tarnung, ein Vorhang, der irgendeine Niedertracht verhüllt. Diese Kreaturen versammelten sich als Menschen getarnt, um Menschen hinters Licht zu führen und zu betrügen, und deswegen ahmen sie übertrieben und verlogen mit aller Kraft fremde Verhaltensformen nach.

Bald werden die Kreaturen anfangen, sich zu bewegen, sie bekommen zuckersüße, klebrige Stimmen. Limonaden und Kaffees werden sich in einem unglaubwürdig langen und dickflüssigen Strahl ergießen. Die Welt des „widerwärtigen Abklatsches des Guten" erwacht zum Leben, wird riesig, beweglich, aggressiv; verlässt die Konditoreien, schwillt an, quillt hervor aus den letzten Seiten der Zeitungen, überflutet die Straßen der Stadt und die Gassen und beginnt mit gierigem Schmatzen, die Fernsehbildschirme auszusaugen Aber nie und nirgends wird sie ihre Haupteigenschaften verlieren: Verlogenheit und Zuckersüße. Offensichtlich sind das ihre Wesensmerkmale.

Ohne jegliche Mühe kann unser Auge die einfache Fotografie einer schönen Frau von einer Glamouraufnahme unterscheiden. Das einfache Foto löst eine einfache menschliche Aufgabe: Es zeigt die Schönheit einer schönen Frau, die Kunst des Fotografen, die Stimmung der Jahreszeit und des Tages. Eine Glamouraufnahme dagegen transportiert immer Aggression, eine Herausforderung und einen übertriebenen Effekt, so als ob es nicht nur ein Foto wäre, sondern ein Trumpf in einem unbekannten Spiel, ein Schlag, eine Attacke, eine gewonnene Schlacht. Die Schönheit der schönen Frau wird bis zum Äußersten getrieben, bis zur Abneigung, zum Ekel – kurzum, glamourisiert. Aber genau das brauchen unglaublich viele Frauen. Es sind die Frauen, die den Glamour absondern und gleichzeitig wie eine besondere Substanz verschlingen. Die Hypertrophie des Glamours um uns herum ist eine Hypertrophie der weiblichen Anwesenheit.

Man kann es auch so sagen: Die Welt der Schönheit hat, wie es sich gehört, zwei Elternteile – den Teufel und die Frau. Die Welt der Schönheit ist ein durch den Teufel verwirklichter

Traum idiotischer Frauen, die von einer heilen Welt träumen, einer Welt des totalen Egoismus, wo es kein Leid gibt, höchstens als „Story" in einer Frauenzeitschrift. Die verborgene, mit Klamotten vollgestopfte, platte, gruselige, muffige Welt des Kleinbürgerlichen ist nach außen getreten und angeschwollen und hat wie der süße Brei im Märchen die Straßen der Stadt überflutet.

Der Glamour ist kein ästhetisches, sondern ein metaphysisches Phänomen. Ernsthaft bekämpfen muss man ihn nicht, zurechtweisen jedoch schon, damit er weiß, wo er hingehört. Man soll nicht „über Eigenschaften und Tendenzen" reden, sondern ihm auf die Finger klopfen: Das ist nicht deins, Hände weg! Auf dem Laufsteg kannst du mit dem Hintern wackeln, aber lass gescheite Leute mit deinen Dummheiten in Ruhe.

Du frecher Schönheitstyrann sollst wissen, wo dein Platz ist: Er ist nicht so bedeutend, wie du dir einbildest. Und nichts ist ewig.

Aus dem Russischen von Tatiana Kulik

Tatjana Moskwina

Monolog eines Kämpfers

Nein. Kein „Activia" kaufen, kein „Ac-ti-via" kaufen Da liegt es, Gaukelzeug, aufgestapelt zu einem süßen grünen Zauberberg und lockt und lockt, die Kanaille Joghurt Von wegen Joghurt, das ist ein goldener Schlüssel. Mit seiner Hilfe wird man in nur zwei Wochen jegliches Völlegefühl los, einschließlich Übergewicht und Schwangerschaft. Und wirklich lecker, sagen die Leute Nein. Wille und Vernunft! Zusammenreißen! Nur nicht auf die Provokationen eingehen. Von wegen Völlegefühl. Muss man das gleich loswerden? Nein! Man muss sein vertrautes Völlegefühl zu schätzen wissen und es nicht gegen eine widrige Leichtigkeit im Magen eintauschen. Schnell vorbei, ich gehe dran vorbei, schnell vorbei. Ich werde einen Kefir kaufen, auf dem nur steht, dass er ein Kefir ist. Einfache, deftige Nahrung eines Kämpfers. Nur so! Ein Stück Schwarzbrot, einen Apfel, Buchweizen, gedörrte Pflaumen. Brechet das Joch der Tyrannen, die uns so lange gequält! Zittert, Tyrannen und Treulose, haha!

Nein. Keine Marinina kaufen. Keine Ma-ri-ni-na. „Gefühl von Eis." Hm. Bestimmt sehr spannend. Und fein haben sie das gemacht, mit ihrem „Gefühl von Eis" – genau gleichzeitig mit „Tanz auf dem Eis" und „Stars auf dem Eis" im Fernsehen. Wahrscheinlich haben sie sich abgesprochen In zwei Bänden. Reicht genau für eine Nacht. Vom vorherigen Buch ist sogar etwas für den nächsten Morgen geblieben Nein! Wille und Vernunft! Und wo, Genosse Verkäufer, liegt das neue Buch des Philosophen Sekackij über die Gefahren der Konsumgesellschaft? Sie haben es nicht? Na so was, fehlen bei Ihnen schon die einfachsten Bedarfsartikel! Was? Ich soll Marinina nehmen? Nein!

Und was kostet sie? Nein! Ich gehe vorbei. Der Wille wird immer stärker, der eiserne Wille des Kämpfers.

Nein. Nein. Nicht die „Geheimnisse der Ermittlungskommission" anschauen, nicht die „Ge-heim-nisse der Er-mitt-lungs-kommis-sion" anschauen. Schon zum wievielten Mal serviert man uns dieses wiedergekäute Futter, und wieder sind zwei Stunden aus dem Leben verloren. Der Staatsanwalt spielt allerdings gut. Und die Sekretärin auch Nein! Reiß dich zusammen! Genosse Verkäufer, habt ihr so etwas wie „Im Zeichen des Bösen" von Orson Welles auf DVD? Ja? 300 Rubel? Bitte einpacken. Ich nehme ihn, allem zum Trotz! Und ich werde mir das anschauen statt der „Geheimnisse der Ermittlungskommission". Ich gebe mein letztes Geld dafür aus, aber ich lasse mich nicht unterkriegen. Wille und Vernunft. Du wirst mich nicht unterkriegen, du Konsum-gesell-schaft!

Nein. Nein. Nicht die Zeitung „Das Leben" lesen. Nicht diese Zei-tung lesen „Schwangere Schülerin frisst ihre Eltern." Hm. „Wissenschaftler beweisen die Existenz Gottes mathematisch." Aha. Niemand wird es sehen. Schnell gelesen und wieder weggeworfen. Was heißt das, sie hat ihre Eltern gefressen? Was für ein Märchen. Bestimmt haben sie das selbst zusammengedichtet Ach Was mach ich denn? Mein Gott, der du nun in deiner Existenz bewiesen bist, vergib mir meine kurze Schwäche. Vorbei, ich gehe am „Leben" vorbei, ich festige meinen Willen.

Nein. Nein. Nicht „Love Radio" einschalten. Und „Russisches Chanson" auch nicht. Und „Europa Plus" genauso wenig. Wo ist mein Mahler? Wo mein Wagner? Möge aus den Kopfhörern der unerschütterliche Wille der Titanen dröhnen! Ich rase weiter, stürmisch, und wie eine Walküre scheuche ich die armseligen Opfer der Konsumgesellschaft aus dem Weg. Der Wille wächst. Er wird bald größer sein als der Gazprom-Turm, der vorerst nur auf dem Papier existiert. Haha, und diesen armseligen Turm werde ich sprengen. Nicht mit Sprengstoff – allein mit meinem flammenden Blick werde ich ihn einäschern! Deshalb: Kefir, Mahler, Sekackij. Wille und Vernunft. Große Taten rufen.

Keine Witze lesen, keine astrologischen Prognosen, keine kostenlosen Anzeigen. Bezahlte auch nicht. „Abnehmen teuer." „Einschläferung, Abtransport, Einäscherung, Kastration. Preiswert und schnell." Durch irgendetwas Geheimnisvolles sind diese Angebote verbunden. Nein! Nicht daran denken. Keine wertvolle Energie verschwenden. Man will den Obwodnyj Kanal zuschütten, daran muss man denken. Die Stadt ist von Feinden eingenommen! Der Feind ist nicht von außen gekommen, sondern eroberte die Stadt von innen. Überall feindliche Parolen und Plakate! Fernsehen, Radio, Zeitung, alles okkupiert! Die Verräter grinsen und werden zu Polizisten. Zusammenreißen! Wir sind so stark wie der Wodka im Poltawer Eimermaß, schrieb Majakowskij. An den mürrischen, konzentrierten Gesichtern erkenne ich Kameraden, die mir entgegenschreiten. Haltet durch, Kämpfer. Unsere Stunde wird kommen. Es ist ein unerbittliches Gesetz: Alles, was erniedrigt wurde, wird erhöht. Alles, was erhöht wurde, wird zertreten.

Nein, ich gehe nicht zum „Dixi", du fängst mich nicht, du Ladenkettenkrake! Auch wenn bei dir alles fünfmal billiger ist als sonst wo – vorbei. Nur vorbei. Die raubgierigen Fallen, die überall in der Stadt aufgestellt sind, wollen mir ein Stück meines Willens abzwicken, meine Energie zerstören, damit ich zu einem harmlosen, verblödeten Wesen werde, wie diese Haserln aus der Werbung. Damit ich wie sie leidenschaftlich fiepse: „Oh, was für grüüüüne Erbsen!" Ringsherum zerkaute, verschluckte und verdaute Leute. Aber ich gehe vorbei, hart, düster und echt. Mich wird niemand verdauen, und wer es versucht, verreckt an Verdauungsstörung! Wille und Vernunft sind nicht essbar!

Nein. Nein. Nein. Nicht „Einiges Russland" wählen. Nicht „Einiges " wählen. Was heißt das, es gibt dort gute Leute? Was heißt das, wen soll man denn sonst wählen? Egal wen, nur nicht mit der Masse schwimmen. Letzten Endes kann man den Stimmzettel ja auch zerreißen! Es gibt immer einen Ausweg. Ein richtiger Kämpfer findet immer einen Ausweg. Du willst nicht „Activia" – dann nimm den Kefir „Ladoga". Du möchtest etwas anderes als „Geheimnisse der Ermittlungskommission" – dort ist der Kinoklub, setz dich und schau dir die progressiven rumänischen Filme an. Schlimmstenfalls kann man sich zu Hause einsperren und Wodka trinken. Später könnte sich herausstellen, dass dies die vernünftigste Beschäftigung gewesen wäre ... Das Wichtigste für einen Kämpfer sind Härte und Training. Am Morgen betrete ich das weite Feld der Versuchung und lerne „Nein" zu sagen. Ich träume davon, Soziologen zu treffen und alle ihre Fragen zu beantworten. Aber ich habe noch kein einziges Mal in meinem Leben einen Soziologen bei der Arbeit gesehen. Ich habe alle möglichen Leute bei der Arbeit gesehen, sogar Walzwerkarbeiter und Pralinenpackerinnen, auch Politiker und Klempner – aber noch nie einen Soziologen. Was bedeutet das? Das bedeutet, dass es sie überhaupt nicht gibt. Dass sie eine reine Erfindung sind! Wie viele sind wir denn, wir hartnäckigen Kämpfer, im ganzen Land verstreut? Und keiner kann das zählen.

Und ich gehe. Es strahlt, schillert das Feuer auf den Ruinen der heimatlichen Stadt, das irrsinnige Dreigroschen-Babylon, und ich wiederhole den Zauberspruch des Kämpfers „Nein. Nein. Nein."

So werden wir gewinnen.

Aus dem Russischen von Barbara Planötscher

Tatjana Moskwina

Wer will eine Frau?

Das Geschlecht spielt in der Politik keine Rolle, und eine Frau ist in der Politik um nichts besser als ein Mann.

Das war's, meine Herrschaften! Der Termin für die Operation steht fest, der Patient ist vorbereitet, das Wichtigste ist nun, dass die Narkose rechtzeitig verabreicht wird. Das bevorstehende Jubiläum war allen zuwider: sowohl denen, die unmittelbar an seiner Organisation beteiligt waren, als auch den Darstellern der Massenszenen in dieser tragikomischen Oper sowie denen, die aus sicherer Distanz Gift spritzten. Die Flinken haben es geschafft, zur Dreihundertjahrfeier von Sankt Petersburg mit dem Innenausbau ihrer dreigeschossigen Häuser fertig zu werden, und wer es nicht schaffte, ist selbst schuld. Nun heißt's: Schluss, Freundchen. Es kommt nichts mehr nach. Im Jubiläumstrog ist kein Hafer mehr drin. Der Futtertrog zieht weiter; wer weiß, wohin. Die Leute beschäftigen zwei Fragen: wie man es schafft, sich gegen Ende Mai aus der Stadt davonzumachen, und ob die Petersburger Regierung grandios auf die Nase fallen oder nur mit einem blauen Auge davonkommen wird.

Üblicherweise geht man davon aus, dass Sankt Petersburg in puncto Mentalität eine sehr konservative Stadt ist. Welch eine Verleumdung! Die Mentalität unserer Stadt ist eher ein farbloser Nebel, der bereitwillig jede Form annimmt. Hier ein Beispiel: Kaum hatte Walentina Iwanowna Matwienko ihren Schal zurechtgezupft, um die Gangway des Flugzeugs hinabzusteigen, das sie als bevollmächtigte Vertreterin des Präsidenten und eventuelle Gouverneurin ans Newa-Ufer gebracht hatte, als schon zweiundvierzig Prozent der Petersburger Bevölkerung den Soziologen erklärten, dass sie als Stadtoberhaupt furchtbar gern eine Frau sehen wollten.

Klar, ein zurechnungsfähiger Stadtbewohner sollte auf dem Posten des Stadtoberhaupts einen vernünftigen, anständigen, verantwortungsvollen und willensstarken Menschen sehen wollen; das Geschlecht spielt hier keine Rolle. Es gelten jedoch bereits die Gesetze des beliebten russischen Volksfestes „Alleruntertänigen": Wir wollen eine Frau und basta. Sei's drum, wenn schon in den Melodien der weißen Nächte der Frauenwalzer erklungen ist, dann sprechen wir eben über das Frauenthema.

Die massenhafte Teilnahme von Frauen an der Politik und am gesellschaftlichen Leben begann mit der Entwicklung der Demokratie im 20. Jahrhundert und lieferte in diesen hundert Jahren ein einziges unumstößliches Ergebnis: Im Vergleich zu Männern weisen Frauen in diesem Bereich der Lebensgestaltung keine sichtbaren Vorzüge auf. Insgesamt sind sie weder klüger noch gutmütiger noch großmütiger, ja nicht einmal ehrlicher. Den Blick des Historikers bzw. Soziologen ziehen natürlich einzelne weibliche Individuen auf sich, die für diese Art der Arbeit besonders begabt waren, aber das bedeutet rein gar nichts. Die Frage, ob eine Frau fähig ist, ein Land, eine Stadt oder ein großes Unternehmen zu leiten, kann eindeutig beantwortet werden: Natürlich kann sie es – dank ihrer persönlichen Qualitäten, aber nicht aufgrund ihrer Physiologie. Äußerst zuwider ist mir jedwede Demagogie vom Typ: „Wir brauchen mehr Frauen in der Politik". Wozu, zum Teufel? Wer braucht sie? Etwa die Männer in ihren Politsitzungen, damit ihnen vom gegenseitigen Anblick nicht so übel wird? In der Politik brauchen wir mehr qualifizierte, anständige, willensstarke, arbeitsame und kluge Leute, während sie sich die Unterschiede in ihrer Konstruktion für das Intimleben aufsparen sollen.

Gesellschaftlich engagierte Frauen haben auch beunruhigende Eigenschaften: Sie bringen wenig Bereitschaft zur

Selbstkritik auf und sind nicht imstande, eigene Irrtümer zuzugeben. Jetzt möchte ich einen eher aufrührerischen Gedanken aussprechen, wie immer etwas polemisch zugespitzt.

Der strenge, bärtige Aleksandr Isajewitsch Solschenizyn lebt schon lange zurückgezogen und schreibt düstere Bände unter dem Titel „Zweihundert Jahre gemeinsam". Aus seinen Büchern geht unter anderem hervor, dass die aktive Teilnahme des jüdischen Volkes an der Revolution und am Aufbau der Gesellschaft in den zwanziger und dreißiger Jahren für Russland durch und durch abträglich war. Aber Aleksandr Isajewitsch sucht die Hauptfeinde an der falschen Stelle! Noch wesentlich größeren Schaden verursachten die Frauen durch ihre äußerst aktive Teilnahme an der sowjetischen Sache. Verführt durch die Gleichberechtigung in Arbeit und Bildung traten Millionen von Frauen für die Sache des Roten Russlands ein. Überall, von oben bis unten, in allen möglichen Gebiets- und Stadtkomitees, in NKWD und GULAG, in Schulen und Fabriken waren Frauen, und auch in den Betten aller sowjetischen Schergen, was nicht unbedeutend ist. Der Sozialismus hätte sich nicht einmal ein Jahr lang gehalten, wenn er nicht heiß und innig und mit Leib und Seele von den Frauen unterstützt worden wäre. Und später, in vegetarisch gewordenen Zeiten, klapperten sie mit ihren Absätzen durch die Korridore der Macht und redeten schweren Unsinn über den vollentwickelten Sozialismus und den Zusammenschluss von Dorf und Stadt, und es gab keine Schule, wo nicht eine monumentale Oberlehrerin saß, bei deren Anblick einem Dantes Worte in den Sinn kamen: „Lasst, die ihr eintretet, alle Hoffnung fahren!"

Nun ruft Solschenizyn die Juden zur Buße auf. Und die Frauen – sollten sie etwa nicht büßen? Sind sie also alle heilige Märtyrerinnen, weiße Tauben, alle durchwegs besser als die Männer, einfach per se? Haben sie sich nie schuldig gemacht, an nichts teilgenommen, sondern nur Suppe gekocht und auf ihre Männer gewartet, während die ihre abscheulichen Taten vollbrachten? Es reicht. Ohne zu zögern nahmen sie an allem teil. Und wählten Hitler, als sie das Wahlrecht bekamen. Und himmelten Stalin an, nachdem sie Gott gegen dieses kleine, pockennarbige Idol eingetauscht hatten. Und auch jetzt setzen sie ihren armen Männern zu: Ich will ein Haus, ich will ein Kleid, sodass diese stehlen und die Staatskasse plündern.

Also, im Gegensatz zu den Bewohnern von Sankt Petersburg, die plötzlich leidenschaftlich eine Frau wollen (woran man natürlich auch zweifeln kann, wenn man unsere Soziologen und unsere Zeitungen kennt), will ich persönlich keine Frauen an der Macht. Und ich habe nicht vor, einem menschlichen Wesen nur aus dem Grund zu vertrauen, dass es dieselben Körperformen hat wie ich. Mich interessiert nur das, was ein Mensch im Kopf hat – und dabei haben und hatten weder Frauen noch Männer irgendein Primat.

P. S. Nach diesem Artikel stellte die Direktion die Sendung „Nicht versäumen!" auf RTR-Petersburg, die ich gemeinsam mit dem Journalisten Dmitrij Zilikin moderierte, ein. Sowohl auf RTR-Petersburg als auch auf dem Fünften Kanal bin ich seither persona non grata und aus dem Blickfeld verschwunden. Der Staat hat also, was meine Person angeht, seine endgültige Wahl getroffen. Und ich habe meine Wahl in Bezug auf diesen Staat getroffen.

Aus dem Russischen von Tatiana Kulik

Tatjana Moskwina

Der Hundekosmos

Ein Mann, der in der Sowjetzeit im Raumfahrtzentrum Bajkonur als Montageleiter arbeitete, erzählte mir eine bemerkenswerte Geschichte und schwor, dass sie sich wirklich so zugetragen habe. Mir gefiel die Geschichte so gut, dass ich sie ohne Vorbehalt glaubte.

Er erzählte, dass man außer den legendären Hunden Belka und Strelka noch viele weitere Hunde ins All hinauskatapultiert hatte. Manche starben, andere wiederum überlebten das Ganze glimpflich. Aber mit den Überlebenden tauchte ein kleines Problem auf – wohin mit ihnen? Gewöhnlich schnappte sich einer der Mitarbeiter aus dem Raumfahrtzentrum einen solchen Kosmoshund. Man kann doch ein Wesen, das der Wissenschaft so heldenhaft gedient hat, nicht einfach seinem Schicksal überlassen. Angeblich war für diese Hunde sogar Verpflegungsgeld vom Staat vorgesehen.

Einen dieser Hunde nahm nun auch ein Angestellter mit, als er von Bajkonur in seine Heimatstadt zurückkehrte. Als er dort mit ihm spazieren ging, bemerkte er, dass sich die gewöhnlichen Hunde aus dem Bezirk seinem Kosmoshund gegenüber eigenartig verhielten.

Die einheimischen Hunde verfielen bei seinem Anblick in eine Art wilde Ekstase. Sie fielen auf den Boden, heulten und stellten sich auf die Hinterpfoten. Kurzum, sie zeigten auf mannigfaltige Weise ihre Begeisterung und Hochachtung für den Kosmoshund. Man hatte den Eindruck, dass er seinen Artgenossen auf irgendeine Art mitteilen konnte, wo er war und was er gesehen hat.

Wie er das zustande brachte, ist nicht klar. Aber viel verblüffender ist ja die Hochachtung der gewöhnlichen Hunde vor dem Kosmoshund. Hunde haben ja bekanntlich keine Werbung, kein Fernsehen, keine Public Relations, und niemand hat ihnen den Kosmoshund als Star vorgeführt – ihre Ekstase und ihre Hochachtung waren also rein natürlich. Sie begeisterten sich instinktiv für dieses Geschöpf, das zwar gleich aussah wie sie, das jedoch schier Unmögliches vollbracht hat und das etwas Außergewöhnliches, einem einfachen Hund nicht Zugängliches, gesehen hat.

Hunde stellen sich nicht auf die Hinterpfoten und fallen nicht in Entzückung, wenn sie so einen ausgefressenen mit Medaillen und Diplomen behängten Hund sehen oder einen, der lauter als die anderen bellt oder nach der neuesten Mode frisiert ist und in einen teuren Overall gehüllt. All dies spielt im Hundekosmos keinerlei Rolle, sondern ruft nur mickrige Neidgefühle hervor.

Warum aber sind bei den meisten Menschen diese ursprünglichen Instinkte so verschüttet und erstickt, dass sie beim Anblick eines wirklich hervorragenden Menschen, der etwas Wunderbares geschaffen hat und etwas Ungewöhnliches weiß oder gesehen hat, kein Entzücken, keine Bewunderung und keine Ekstase empfinden? Stattdessen schwärmen sie für billige Puppen. Wie schön wäre es, wenn wir mit untrüglichem Instinkt den Wert und die Bedeutung eines Menschen erkennen könnten, sozusagen eine umfassende Information ablesen könnten, ohne aggressive Einflüsterungen und Zudringlichkeiten.

Wir sind doch auch Lebewesen und noch dazu höhere und sollten dazu imstande sein. Dieses Gespür muss doch noch irgendwo vorhanden sein! Es ist auch sicher noch da, nur eben verkümmert und unterdrückt durch allerlei dummes Zeug.

Mit Abscheu verfolgte ich unlängst den Auftritt eines Schriftstellers im Fernsehen. Der machte sich stark für den Präsidenten, für die Konsolidierung des Staatswesens und anderes in diesem Sinne. Da ich über ein pathologisches Gedächtnis verfüge, erinnerte ich mich noch gut, wie dieser Schriftsteller seinerzeit vorgeschlagen hatte, Beresowskij mit Öl abzufüllen. Anschließend fuhr er für ein Interview zu ihm nach London und verkündete, dass Beresowskij sich um Russland große Sorgen mache. Er nannte Putin einen kleinen Tschekisten, erkannte dann aber plötzlich in ihm den großen Staatsmann. Das heißt, auf der Verstandesebene war mir bewusst, dass dieser Mensch und jedes Wort von ihm eine einzige Lüge war. Aber auch ohne Umweg über den Verstand, allein vom Aussehen und von der Intonation dieses Schönredners her hätte man das beurteilen können. Dieses gekünstelt-begeisterte, weibische Gesicht, diese Bedeutungsschwere der blumigen Phrasen, dieser heuchlerische, pseudo-bekennerhafte prophetische Tonfall! Jeder Hund hätte da die Ohren gespitzt und verächtlich geknurrt.

Aber die Zuhörer im großen Auditorium stimmten für diesen Lügner und Heuchler. Das Gespür für die Lüge ist total verschüttet. Außergewöhnliche und wertvolle Menschen werden vollkommen ignoriert, und stattdessen wedeln die Massen mit dem Schwanz und bejaulen ihre widerwärtigen, mit kitschigem, falschem Bling-Bling behängten Idole.

Was kann man da nun tun? Wie kann man seine eigene spontane Wahrnehmung für das Wesen und die Wertigkeit eines anderen Menschen schärfen? Das ist zweifellos möglich, aber niemand befasst sich damit – es gibt keine Trainingsstunden, keine Zirkel, keine Nachschlagewerke und keine Lehrbücher.

Also müssen sich die Menschen immer mehr Hunde anschaffen und deren Aufrichtigkeit und feines Gespür begierig aufnehmen, um sich so von der eigenen Unaufrichtigkeit und moralischen Taubheit etwas zu erholen.

Aus dem Russischen von Timea Anna Lehner

Wladimir Schinkarjow

Der Hausigel

Ein Märchen

Igel sind bekanntlich Waldtiere. Es gibt natürlich auch Wüstenigel, Steppenigel und solche mit langen Ohren, aber die kenne ich nicht. Jedenfalls sind Igel aber keine Haustiere. Wenn man nun aber dennoch einen Igel aus dem Wald mit nach Hause nimmt und ihn dort überwintern lässt, dann darf man ihn im Sommer nicht mehr in den Wald zurückbringen – er ist zum Haustier geworden und ist dem Leben in der Wildnis mit all seinen Gefahren nicht mehr gewachsen.

Ein solcher Hausigel wurde einmal krank und seine Wirtsleute brachten ihn ins Krankenhaus. Er war lange krank, ein ganzes Jahr. Und als er wieder gesund war, stellte sich heraus, dass man ihn nirgendwohin entlassen konnte: Seine Leute waren in eine andere Wohnung übersiedelt und hatten den Igel völlig vergessen; sie besuchten ihn nicht und brachten auch nie etwas vorbei. In den Wald konnte er nicht mehr zurück, denn nach einer so langen Krankheit kann man einfach nicht mehr im Wald leben.

Ihm blieb also nichts anderes übrig, als weiterhin im Krankenhaus zu wohnen. Die Ärzte und Schwestern freuten sich, dass er bei ihnen blieb, denn er war liebenswert und geschickt; er schmückte das Krankenhaus mit selbstgemalten Bildern und bastelte Girlanden aus buntem Papier.

Unter den Freunden aus dem Krankenhaus bemitleideten ihn einige, weil er keinen Platz zum Wohnen hatte, doch der Igel war keineswegs unglücklich. Er half den Schwestern, fuhr die Kranken im Rollstuhl spazieren und in seinem Nachtkästchen hatte er immer Farben, Pinsel und Papier zum Malen. Alle hatten den Igel gern, und deshalb verwunderte es niemanden, als ihn eines Tages eine Katze einlud, sich in ihrem Haus niederzulassen.

Katzen sind Haustiere, sie haben immer ihr eigenes Haus. Es gibt auch wilde Katzen, also Katzen, die allein herumstreunen, aber das sind, ehrlich gesagt, ziemlich böse und dumme Tiere. Die Hauskatze ist ein schönes und intelligentes Lebewesen, sie liebt ihr Haus; wenn sie aber verwildert und anfängt, allein herumzustreunen, dann wird sie ärger als die wilden – räudig und struppig.

Der Igel hatte die Katze auch sehr lieb, niemand war so zärtlich zu ihm, niemand schnurrte so schön. Die Haare der Katze waren weich und dunkel, ganz anders als die Stacheln des Igels. Die Katze duftete wunderbar nach Milch, und die mögen Igel ja auch gern.

Die Katze und der Igel lebten zusammen und waren glücklich. Die Katze mochte sogar seine Stachelhaare und dass man sie oft eine ganze Stunde lang glatt streifen musste und dass er nachts immer rumorte (Igel haben eine schlechte Angewohnheit: Sie gehen nie rechtzeitig schlafen und wuseln überall herum).

Die Katze kaufte ihm einen Mantel und Filzstiefelchen; am Morgen gingen sie spazieren oder ins Kino.

Untertags räumte die Katze zu Hause auf und kochte das Mittagessen, während der Igel Kartoffeln sammelte oder das Haus mit Bildern schmückte. Die Katze liebte diese Bilder so sehr, dass sie es immer bedauerte, wenn der Igel ein, zwei Bilder seinen alten Freunden ins Krankenhaus brachte.

Abends erzählten sie sich gegenseitig alles, was sie untertags erlebt hatten, spielten Dame oder liefen einfach durchs Haus und sangen: „Katz und Igel geht es gut, beide sind gar wohlgemut“.

Danach ging die Katze schlafen und der Igel raschelte noch eine Zeitlang herum. Die Katze lag da und horchte, wie der Igel in der Küche Kartoffeln aß oder zeichnete, da wurde ihr ganz wohl, sie legte die Ohren an und schlief ein.

Im Sommer fuhren sie mit dem Zug aufs Land, besuchten den Wald, in dem der Igel gelebt hatte, als er noch wild war. Die Katze fauchte, sie verstand nicht, wie man im Wald leben konnte.

Der Igel lachte, war aber ein wenig traurig.

Und so lebten sie lange dahin und dachten, dass sie bis ins hohe Alter glücklich sein und dass sie dann auf einen Stock gestützt immer noch gemeinsam spazieren gehen würden.

Doch dann kam ein schwüler, heißer Sommer, darauf folgte ein feuchter, kalter Herbst, und die Katze wurde launisch. Nichts passte ihr mehr, ihr schien, dass der Igel viel zu stachelig sei und einer Katze überhaupt nicht ähnlich sehe, ja dass sie sich mit einem Tier anfreunden sollte, das einer Katze ähnlich ist – schön, flauschig und verspielt. Und mit so einem Tier machte sie auch Bekanntschaft.

Im Winter machte die Katze dann Folgendes: Sie sagte dem Igel, dass sie eine Dienstreise antreten müsse, zog ihm die Filzstiefelchen und den Mantel an und brachte ihn zurück ins Krankenhaus.

Der Igel begriff zunächst nicht, dass er wieder im Krankenhaus zurückgelassen wurde, und wartete geduldig auf die Katze. In den ersten Tagen rief die Katze im Krankenhaus an und erkundigte sich, ob es dem Igel gut gehe, ob er neue Freunde gefunden habe und ob er genug zu essen bekomme.

Aber eine Krankenschwester sagte ihm, dass ihn die Katze wahrscheinlich für immer im Krankenhaus abgegeben habe und nicht mehr mit ihm zusammenleben wolle und dass sie sich inzwischen mit einem Iltis angefreundet habe, der lustig, flauschig und verspielt war.

Der Igel glaubte anfänglich, dass die Schwester scherze und sich über ihn lustig mache, er lachte und sagte, dass die Katze bald von der Dienstreise zurückkommen würde. Dann werde sie ihn mitnehmen, und sie würden wieder glücklich zusammenleben – die Katze werde sich um den Haushalt kümmern und das

Essen zubereiten und der Igel Kartoffeln sammeln und das Haus schmücken. Die Krankenschwester hatte Mitleid mit dem Igel und sagte ihm nicht, dass die Katze ihn verlassen hatte. Doch der Igel hatte bereits selbst begriffen, dass genau das passiert war.

Ein Hund kam oft ins Krankenhaus zu seinem kranken Sohn, ging mit ihm im Hof spazieren und las ihm aus Büchern vor. Er wohnte im Nachbarhaus der Katze und kannte den Igel und seine Geschichte. Er bot dem Igel immer wieder Orangen und Äpfel an und brachte ihm Farben und Pinsel, damit er das Krankenhaus wieder mit seinen Bildern und Girlanden schmücken könne.

Aber der Igel malte nicht mehr. Meistens saß er auf seinem Bett und schwieg. Natürlich dankte er dem Hund für die Früchte, doch er aß kaum etwas davon.

Eines Tages sagte der Hund, dass ihm die Katze die Orangen schicke. Der Hund wollte dem Igel eine Freude machen, doch der lehnte die Orangen ab, ja bat sogar, der Katze den Mantel und die Filzstiefel zurückzubringen.

Das bedrückte den Hund sehr und er wusste nicht, was er tun sollte. Er dachte daran, wie fröhlich der Igel früher war, wie viele Freunde er hatte, wie ihn alle liebten.

Diesmal hatte der Igel keine neuen Freunde im Krankenhaus, denn er saß nur schweigend da und spielte mit niemandem.

Als es ihm gut gegangen war, hatten ihn alle gern gehabt. Aber als es ihm schlecht ging, liebte ihn niemand mehr.

Doch auch der Katze ging es nicht gut und niemand mochte sie mehr. Sie begann den Igel zu vermissen, ihre Gespräche, die Lieder. Sie betrachtete die Bilder, die der Igel zurückgelassen hatte, und weinte. Der Iltis wurde böse auf sie und warf alle Bilder herunter. Der Iltis selbst konnte nichts als laut lachen und herumprahlen.

Bald hatten sie die Kartoffeln aufgegessen, die der Igel gesammelt hatte; der Iltis ging im Haus herum, gähnte und lief schließlich von der Katze weg, um zu jagen. Denn der Iltis war ein Jäger – er lauerte unterwegs Hühnern auf, tötete sie und fraß sie auf. Die Katze blieb allein zurück. Jeden Abend besuchte sie den Hund und erkundigte sich über den Igel, aber der Hund wusste nur zu berichten, dass der Igel sitzt und schweigt.

Die Katze ging nach Hause und legte sich schlafen, konnte aber lange nicht einschlafen und erinnerte sich, wie das früher war, als der Igel in der Küche Kartoffeln aß und mit den Pinseln rumorte, und wie alles friedlich und glücklich gewesen war und wie sie am Morgen aufwachten und im Park spazieren gingen.

Die Katze ging zum Krankenhaus, gerade zur Zeit des Spaziergangs, und beobachtete den Igel, wie er durch den Hof spazierte, im Krankenhauskittel und Filzstiefelchen. Die Katze hätte gerne mit dem Igel gesprochen und ihn um Verzeihung gebeten, damit er zu ihr zurückkommt, doch sie schämte sich. Sie sah, dass der Igel sie bemerkte, aber nicht zu ihr herkam. Und später ging er nicht einmal mehr zum Spazieren hinaus. Da hielt es die Katze nicht mehr länger aus; sie stürzte zum Igel ins Krankenhaus und sagte: „ Lieber Igel, verzeih mir bitte! Komm zurück zu mir! Du bist so gut, und der Iltis ist ganz schlecht!"

Da fragte der Igel: „Aber wenn sich herausgestellt hätte, dass der Iltis besser ist als ich, dann hättest du dich wohl nicht mehr an mich erinnert?"

„Igel, du bist für mich der Beste von allen!"

Der Igel dachte kurz nach und sagte: „Wie sollte ich wieder mit dir zusammenleben? Wir könnten uns nie wieder so freuen, herumtollen und Lieder singen. Jetzt würde ich immer Angst haben: Plötzlich triffst du ein tolles Tier und gibst mich wieder im Krankenhaus ab ..."

Da ertönte im Krankenhaus das Signal, dass die Besuchszeit vorbei ist, und die Krankenschwestern scheuchten die Besucher hinaus. Der Hund verließ seinen kranken Sohn, und nur die Katze durfte noch bleiben.

Aber der Igel schwieg, verabschiedete sich dann und ging in sein Zimmer. Im Korridor wurde das Licht ausgeschaltet, die

Katze ging nach Hause. Sie war sehr traurig und weinte, doch sie glaubte dennoch fest daran, dass der Igel es sich anders überlegen würde, ihr verzeihen werde und zu ihr zurückkomme.

Am nächsten Tag stand sie früh auf, machte gründlich Ordnung im Haus, bereitete das köstlichste Mittagessen zu und wartete auf den Igel.

Verzeih ihr doch, Igel, wir bitten dich ganz fest darum!

Trennlinie für Kinder!

Alternatives Ende, à la Lew Tolstoj:

machte gründlich Ordnung im Haus, bereitete das köstlichste Mittagessen zu und wartete auf den Igel.

Doch der Igel kam weder heute noch am nächsten Tag. Er betrank sich und verreckte unterm Zaun.

Die Katze aber zog mit irgendeinem Silberkarpfen aus dem Ussuri zusammen (Hypophthalmichthys molitrix ussuriensis).

Aus dem Russischen von Christina Muigg

Michail Bulgakow

Tschitschikows Abenteuer

Ein Poem in zehn Abschnitten mit Prolog und Epilog

„Halt! Halt doch an, du Dummkopf!“, rief Tschitschikow Selifan zu.

„Ich zieh dir gleich eins mit dem Säbel über!“, brüllte der entgegengaloppierende Kurier mit einem ellenlangen Schnurrbart: „Verdammt noch mal, siehst du denn nicht, dass das eine Staatsequipage ist?“

Prolog

Ein seltsamer Traum Als ob im Reich der Schatten, über dessen Eingang das Ewige Licht mit der Aufschrift „Die Toten Seelen“ flackert, ein übermütiger Teufel die Tür geöffnet hätte. Das Totenreich kam in Bewegung und heraus strömte ein nicht enden wollender Zug. Manilow im Pelz auf einem großen Bären, Nosdrjow in einer fremden Equipage, Derschimorda auf einer Feuerspritze, Selifan, Petruschka, Fitinja Als Allerletzter kam dann er – Pawel Iwanowitsch Tschitschikow. Die ganze Schar bewegte sich in Richtung Sowjetrussland, und dort passierten dann wundersame Dinge. Welche genau, darüber wird im Folgenden berichtet.

I.

In Moskau angekommen wechselte Tschitschikow von der Kalesche in ein Automobil, mit dem er nun über die Moskauer Schlaglöcher brauste und wild fluchend über Gogol herzog:

„So ein Mistkerl", schimpfte er. „Sollen dem Saukerl doch unter den Augen faustgroße Beulen wachsen. Er hat meinen Ruf derart ruiniert, dass ich meine Nase nirgends mehr zeigen kann. Sobald man erfährt, dass ich Tschitschikow bin, schicken sie mich gleich zur Hölle. Das wäre ja noch das kleinere Übel. Aber was, wenn man mich, Gott bewahre, in den Knast auf der Lubjanka wandern lässt? Und alles wegen Gogol, soll ihn und seine ganze Sippschaft doch der Teufel holen ..."

Mit solchen Gedanken beschäftigt fuhr er durch das Tor desselben Gasthauses, aus dem er hundert Jahre zuvor weggefahren war. Alles war hier genau so wie früher: Aus den Ritzen schauten Kakerlaken, und die hatten sich offensichtlich sogar noch vermehrt. Aber es gab auch einige klitzekleine Veränderungen. So war zum Beispiel das Schild „Gasthaus" durch ein Plakat mit der Aufschrift „Wohnheim Nr. soundso" ersetzt worden – aber selbstverständlich war es so schmutzig und dreckig, wie es sich nicht einmal Gogol hätte träumen lassen.

„Ein Zimmer!"

„Die Zuweisung bitte!"

Der geniale Pawel Iwanowitsch wurde nicht eine Sekunde verlegen.

„Den Verwalter!"

Potzblitz! Der Verwalter war ein alter Bekannter: Der glatzköpfige Onkel Pimen, der einst das „Akulka" geführt hatte und nun ein Lokal auf dem Twerskoj eröffnet hat – im russischen Stil mit deutschen Kunststücken: mit Limonaden, Kräuterlikören und natürlich mit Dirnen. Gast und Verwalter umarmten und küssten sich, und nach kurzem Getuschel war die Sache im Handumdrehen erledigt, auch ohne Zuweisung. Pawel Iwanowitsch verzehrte, was Gott gegeben, und eilte fort, um sich nach einem Posten umzusehen.

II.

Wohin er auch kam, bezauberte er alle mit seinen geschickten etwas seitlich geneigten Verbeugungen und seiner überwältigenden Belesenheit, die ihn schon immer ausgezeichnet hatte.

„Füllen Sie den Fragebogen aus!"

Man gab Pawel Iwanowitsch einen ellenlangen Fragebogen, auf dem hundert äußerst verfängliche Fragen standen: woher man stamme, wo man gewesen sei und warum? ... Pawel Iwanowitsch brauchte keine fünf Minuten, und schon war das Ganze erledigt. Nur beim Überreichen zitterte seine Hand etwas.

„Nun", dachte er, „wenn sie das lesen, kommen sie drauf, was für ein Früchtchen ich bin ..." Aber es passierte nichts. Erstens las niemand den Fragebogen, zweitens fiel er in die Hände des Fräuleins in der Registratur, die damit auf übliche Weise verfuhr: Sie trug ihn nicht bei den Eingängen, sondern bei den Ausgängen ein und steckte ihn irgendwohin, sodass der Fragebogen verschwand, als hätte es ihn nie gegeben. Tschitschikow grinste und trat seinen neuen Posten an.

III.

Danach lief alles leicht und leichter. Erst einmal blickte sich Tschitschikow um und überall, wohin er auch schaute, sah er alte Bekannte sitzen. Er ging zum Verpflegungsamt, wo die Rationen ausgegeben werden, und hörte:

„Ich kenne euch, ihr Geizhälse! Ihr nehmt einen lebenden Kater, zieht ihm das Fell ab und gebt das als Ration aus! Ich verlange, dass ihr mir Lammkeule mit Kascha gebt! Diesen Frosch, den ihr mir da anbietet, nehme ich niemals in den Mund, selbst wenn ihr ihn mit Zucker bestreut, und euren stinkenden Hering nehme ich auch nicht."

Ein Blick genügte – Sobakewitsch! Kaum angekommen, wollte der sogleich eine Ration einfordern. Und bekam sie. Zu wenig! Auch den Nachschlag bekam er. Zu wenig! Man rückte noch eine Portion heraus, nur für Stoßarbeiter vorgesehen. Zu wenig! Und noch eine Portion – eine vorbestellte. Auch die verschlang er und verlangte noch mehr. Und schlug dabei Krach. Er beschimpfte sie als Halsabschneider und sagte, dass sie allesamt Gauner seien, von denen es hier nur so wimmle, und dass es nur einen einzigen anständigen Menschen gebe, den Schriftführer, ja und selbst der sei, ehrlich gesagt, ein Schwein! Man gab ihm die Akademikerration.

Als Tschitschikow sah, wie Sobakewitsch die Rationen manipulierte, tat er es ihm sofort gleich und übertraf ihn selbstredend. Er ergatterte Lebensmittel für sich, für seine nicht existierende Frau mit dem Kind, für Selifan, für Petruschka, für jenen Onkel, von dem Betrischtschew erzählt hatte, für die alte Mutter, die nicht mehr lebte. Und alles Akademikerrationen! Sodass die zugeteilte Verpflegung mit einem Lieferwagen abtransportiert werden musste.

Nachdem er solcherart die Frage der Ernährung erfolgreich gelöst hatte, machte er sich noch zu anderen Behörden auf, um weitere Posten zu bekommen.

Als er eines Tages mit dem Auto den Kusnetskij-Prospekt entlangflog, traf er auf Nosdrjow. Dieser erzählte ihm als Erstes, dass er sowohl seine Uhr als auch seine Kette verkaufen musste. Und wirklich, er hatte weder Kette noch Uhr. Dennoch war Nosdrjow gut gelaunt. Er erzählte, was für ein Glück er in der Lotterie hatte, als er ein halbes Pfund Margarine, ein Lampenglas und Schuhsohlen für Kinderstiefel gewann, und dass er danach jedoch Pech hatte und seine eigenen sechshundert Millionen drauflegen musste. So eine Abzocke! Er erzählte, wie er dem Außenhandelsministerium angeboten hatte, eine Partie echter kaukasischer Dolche ins Ausland zu liefern. Und er hatte geliefert. Und er hätte damit ein Vermögen verdienen können, wenn die englischen Schufte nicht entdeckt hätten, dass auf den Dolchen die Aufschrift „Meister Sawelij Sibirjakow" stand, und die ganze Partie nicht zurückgewiesen hätten. Er schleppte Tschitschikow zu sich nach Hause ab und bewirtete ihn mit einem wunderbaren, angeblich aus Frankreich stammenden Cognac, aus dem man jedoch deutlich den selbstgebrannten Fusel herausschmeckte. Er tischte ein Lügenmärchen nach dem anderen auf und erzählte sogar, dass er achthundert Ellen Stoff, ein blaues, goldverziertes Auto sowie eine Wohnungszuweisung in einem Haus mit Säulen bekommen habe. Als sein Schwiegersohn Mischuew Zweifel daran äußerte, schimpfte er ihn einen Schweinehund.

Kurz gesagt, er nervte Tschitschikow derart, dass dieser nicht wusste, wie er sich davonmachen könnte. Doch Nosdrjows Erzählungen brachten ihn auf die Idee, sich selbst dem Außenhandel zu widmen.

IV.

Gesagt, getan. Er füllte erneut ein Formular aus und ging an die Arbeit und zeigte sich in vollem Glanz. Er trieb Schafe mit doppeltem Fell unterfüttert mit Brabanter Spitzen über die Grenze und schmuggelte Brillanten, versteckt in den Rädern, den Deichseln oder in den Ohren und wer weiß, wo sonst noch.

In allerkürzester Zeit hatte sich ein Kapital von etwa fünfhundert Milliarden Kröten angesammelt.

Er ließ aber nicht locker, sondern reichte an entsprechender Stelle einen Antrag ein, dass er einen Betrieb pachten möchte, und beschrieb in leuchtenden Farben, welchen Profit der Staat davon haben werde.

Den Leuten im Amt blieb der Mund offen – der Profit schien tatsächlich kolossal zu sein. Er wurde gebeten, den Betrieb anzugeben. Bitte, gerne. Auf dem Twerskoj-Boulevard, gleich gegenüber dem Strastnoj-Kloster, über die Straße, er heißt „Puschmal am Twerboul“. Es wurde eine Anfrage an die entsprechende Institution geschickt, ob es dort so etwas gebe. Und man bekam zur Antwort:

„Ja, gibt es und ist in ganz Moskau bekannt.“

„Wunderbar.“

„Reichen Sie den technischen Kostenvoranschlag ein.“

Tschitschikow hatte den Kostenplan schon zur Hand und zog ihn unter dem Hemd hervor. Die Pacht wurde genehmigt.

Ohne Zeit zu verlieren, eilte Tschitschikow gleich anschließend zur entsprechenden Stelle:

„Einen Vorschuss bitte.“

„Reichen Sie eine Liste in dreifacher Ausführung mit den vorschriftsmäßigen Unterschriften und Stempeln ein.“

Keine zwei Stunden später legte er die Liste vor. In aller Form, mit Stempeln wie Sand am Meer. Auch Unterschriften waren vorhanden.

Für den Verwalter – Neuwaschaj-Koryto.

Für den Sekretär – Kuwschinnoe Rylo.

Für den Vorsitzenden der Tarifkommission – Jelisaweta Worobej.

„Alles richtig. Hier Ihre Auszahlungsorder.“

Der Kassier ächzte nur auf, als er die Endsumme sah.

Tschitschikow unterzeichnete und verbrachte die Geldscheine in drei Droschkenfuhren.

Und eilte zum nächsten Amt:

„Bitte einen Warenkredit.“

„Zeigen Sie die Waren.“

„Seien Sie so freundlich und geben Sie mir einen Agenten mit.“

„Einen Agenten her!“

Pfuh! Selbst der Agent war ein Bekannter: Rotosej Jemeljan.

Tschitschikow lud ihn ein und los ging’s. Er fuhr zum erstbesten Keller und forderte Jemeljan auf, sich umzusehen. Der sah einen Riesenberg von Lebensmitteln.

„Hm Ja. Gehört das alles Ihnen?"

„Alles mir."

„Hm", sagt Jemeljan, „dann gratuliere ich Ihnen. Sie sind ja kein Millionär mehr, sondern schon Trillionär!"

Nosdrjow, der sich ihnen angehängt hatte, goss noch Öl ins Feuer.

„Schau mal", sagt er, „siehst du den Wagen mit den Stiefeln darauf, der durch das Tor fährt? Diese Stiefel gehören auch noch ihm."

Dann geriet er in Fahrt und schleppte Jemeljan auf die Straße:

„Siehst du die Geschäfte? Das sind alles seine Geschäfte. Alle auf dieser Straßenseite, die gehören alle ihm. Und die auf der anderen Seite auch. Siehst du die Straßenbahn? Seine. Die Laternen? Seine. Siehst du? Siehst du?"

Er dreht Jemeljan nach allen Seiten, bis der fleht: „Ich glaube es! Ich sehe ... Nur lass meine arme Seele in Frieden!"

Sie fuhren zurück zum Amtsgebäude. Dort fragte man nach: „Nun, wie steht es?"

Jemeljan winkte nur mit der Hand ab: „Es ist unbeschreiblich!"

„Nun denn, wenn es unbeschreiblich ist, gebt ihm n+1 Milliarde."

V.

In weiterer Folge nahm Tschitschikows Karriere schwindelerregende Ausmaße an. Kaum zu fassen, was er alles anstellte. Er gründete einen Trust für Eisenproduktion aus Sägemehl und bekam wiederum ein Darlehen. Er stieg als Gesellschafter in eine riesige Genossenschaft ein und ganz Moskau wurde mit Wurst aus vergammeltem Fleisch versorgt. Die Gutsbesitzerin Korobotschka wollte Immobilien ankaufen, als sie hörte, dass jetzt in Moskau „alles erlaubt" sei: Er verbündete sich mit Samuchryschkin und

Uteschitelnyj und verkaufte ihr das Gebäude der Manege gegenüber der Universität. Er unterzeichnete den Vertrag zur Stromversorgung einer Stadt, die so weit weg war, dass sich Fuchs und Hase Gute Nacht sagen. Nachdem er mit dem ehemaligen Bürgermeister Kontakt aufgenommen hatte, markierte er eine Umzäunung und schlug Pflöcke ein, damit es nach Planung aussah, aber was das Geld für die Elektrifizierung betraf, schrieb er, dass es ihm die Banden von Hauptmann Kopejkin gestohlen hätten. Kurz und gut: Er vollbrachte Wunder.

In Moskau munkelte man alsbald, dass Tschitschikow ein Trillionär sei. Die Ämter eiferten um die Wette, um so einen wertvollen Fachmann für sich zu gewinnen. Und schon mietete Tschitschikow für fünf Milliarden eine Fünfzimmerwohnung und speiste zu Mittag und zu Abend im „Empire".

VI.

Doch plötzlich kam der große Zusammenbruch.

Nosdrjow richtete Tschitschikow zugrunde, wie Gogol es richtig vorhergesagt hatte, und Korobotschka versetzte ihm den Todesstoß. Ohne die Absicht, ihm eine Gemeinheit anzutun, plauderte Nosdrjow im Suff unüberlegt über die Holzspäne und darüber, dass Tschitschikow sich einen nicht existenten Betrieb gepachtet habe, und sagte zum Schluss, dass Tschitschikow ein Halunke sei und er ihn erschießen würde.

Das Publikum wurde nachdenklich, und die Neuigkeit verbreitete sich wie ein Lauffeuer.

Dann tauchte noch die dumme Gans Korobotschka bei der Behörde auf, um zu fragen, wann sie in der Manege die Bäckerei eröffnen könne. Vergeblich versicherte man ihr, dass die ehemalige Reithalle ein staatliches Gebäude sei und sie diese weder kaufen könne noch irgendetwas in ihr eröffnen dürfe. Das dumme Weib verstand gar nichts.

Der Klatsch um Tschitschikow wurde immer schlimmer. Man begann sich zu fragen, was denn dieser Tschitschikow für einer sei und wo er herkomme. Es entstanden Gerüchte, eines schauriger als das andere, eines monströser als das andere. Unruhe bemächtigte sich ihrer Herzen. Die Telefone begannen zu klingeln, man begann sich zu beraten. Die Baukommission rief bei der Bauaufsicht an, die Bauaufsicht im Wohnungsamt, das Wohnungsamt im Gesundheitsamt, das Gesundheitsamt im Gewerbeamt, das Gewerbeamt im Bildungsamt, das Bildungsamt im Kulturamt und so weiter.

Man stürzte sich auf Nosdrjow. Das war natürlich dumm. Alle wussten, dass Nosdrjow ein notorischer Aufschneider war und dass man ihm kein einziges Wort glauben durfte. Aber man ließ ihn kommen, und er beantwortete alle Fragen Punkt für Punkt. Er erklärte, dass Tschitschikow tatsächlich einen nicht existierenden Betrieb in Pacht genommen habe und dass er, Nosdrjow, keinen Grund sehe, warum er es nicht hätte tun sollen, wo sich doch alle zu bedienen wüssten. Auf die Frage, ob Tschitschikow vielleicht ein weißgardistischer Spion sei, antwortete er, dass er sicher ein Spion sei und dass man ihn unlängst sogar erschießen wollte, dies aber aus irgendeinem Grund nicht getan habe. Auf die Frage, ob Tschitschikow Falschgeld herstelle, antwortete er, dass er das tue, und erzählte sogar eine Anekdote über das außergewöhnliche Geschick Tschitschikows: Als er erfuhr, dass die Regierung plane, neue Scheine zu drucken, mietete Tschitschikow eine Wohnung in Marjina Roschtscha, ließ dort falsche Scheine im Wert von 18 Milliarden drucken, die er zwei Tage vor den echten in Umlauf setzte. Und als man ihn dabei überraschte und die Wohnung versiegelte, schaffte er es noch, über Nacht die falschen Scheine mit den echten so zu vermischen, dass nicht einmal der Teufel selbst herausfinden hätte können, welche welche waren. Auf die Frage, ob es stimme, dass Tschitschikow seine Milliarden in Brillanten getauscht hatte, um über die Grenze zu fliehen, antwortete Nosdrjow, dass dem so sei und dass er selbst dabei mitgeholfen habe, da es andernfalls nicht gelungen wäre.

Nosdrjows Erzählungen lösten eine allgemeine Bedrückung aus. Augenscheinlich gab es keine Möglichkeit, herauszukriegen, wer dieser Tschitschikow eigentlich war. Wer weiß, wie das alles ausgegangen wäre, wenn sich da nicht unter allen einer gefunden hätte. Zwar hatte er, wie auch alle anderen, Gogol nie gelesen, aber er besaß eine Prise gesunden Menschenverstandes.

Er rief: „Wisst ihr, wer dieser Tschitschikow ist?“

Und als es im Chor erschallte: „Wer?“, verkündete er mit Grabesstimme: „Ein Betrüger.“

VII.

Da ging allen ein Licht auf. Sie machten sich auf die Suche nach dem Fragebogen. Nichts. Im Posteingang. Nichts. Im Schrank – nichts. Zum Fräulein in der Registratur – „Woher soll ich das wissen?“. Bei Iwan Grigorjitsch. „Wo? Nicht meine Angelegenheit. Fragen Sie den Sekretär!“ Und so weiter und so fort.

Und plötzlich fand er sich im Papierkorb – der Fragebogen! Sie begannen ihn zu lesen und waren sprachlos. Name? Pawel. Vatersname? Iwanowitsch. Nachname? Tschitschikow. Amtsbezeichnung? Gogols Figur. Welche Tätigkeit übten Sie bis zur Revolution aus? Ankauf toter Seelen. Einstellung zum Wehrdienst? Weiß der Kuckuck. Welcher Partei gehören Sie an? Sympathisant (von wem – unbekannt). Waren Sie angeklagt? Wellenartige Zickzacklinie. Adresse? In den Hof rein, dritte Etage rechts, im Auskunftsbüro der Stabsoffizierin Podtotschina fragen, die weiß es. Eigenhändige Unterschrift? Verwischt! Sie hatten alles durchgelesen und waren versteinert.

Sie riefen den Instrukteur Bobtschinskij herbei:

„Fahr zum Twerskoj-Boulevard, zu seinem Pachtbetrieb und in den Hof, wo seine Waren lagern, vielleicht klärt sich alles vor Ort!“

Bobtschinskij kehrte zurück. Mit geweiteten Augen.

„Außerordentliche Situation!"

„Was?"

„Dort gibt es keinen Betrieb, er hat uns als Adresse das Puschkin-Denkmal angegeben. Und die Bestände gehören nicht ihm, sondern der Amerikanischen Hilfsgesellschaft ARA."

Da heulten alle auf: „Bei allen Heiligen! Ein sauberer Patron! Und wir haben ihm Milliarden zugeschanzt!! Jetzt müssen wir ihn einfangen!"

Und sie machten sich auf die Jagd.

VIII.

Der Finger drückte auf den Klingelknopf.

„Den Eilboten!"

Die Tür öffnete sich und es erschien Petruschka. Er hatte Tschitschikow schon vor langer Zeit verlassen und war beim Amt als Kurier angestellt.

„Nehmen Sie unverzüglich diese Postsache und machen Sie sich unverzüglich auf den Weg."

Petruschka sagte: „Zu Befehl, der Herr!"

Er nahm unverzüglich die Postsache, machte sich unverzüglich auf den Weg und verlor sie unverzüglich.

Man rief Selifan in der Werkstatt an:

„Ein Automobil. Dringend."

„Sofort."

Selifan sprang auf, deckte den Motor mit alten Wattehosen ab, zog seine Jacke an, schwang sich auf den Sitz, ließ einen Pfiff los und brauste davon.

Alle Russen lieben eine schnelle Fahrt!

Auch Selifan liebte ein flottes Tempo, weshalb er sich bei der Einfahrt in die Lubjanka zwischen einer Straßenbahn und dem Schaufenster eines Ladens entscheiden musste. Selifan wählte innerhalb einer Millisekunde Letzteres, er wich der Straßenbahn aus und wie ein Wirbelsturm, mit einem Schrei „Zu Hilfe!“, fuhr er durch das Fenster in den Laden.

Da riss sogar Tentetnikow, der alle Selifane und Petruschken beaufsichtigte, der Geduldsfaden:

„Schickt beide zum Teufel!“

Sie wurden entlassen und man schickte sie zum Arbeitsamt. Von dort erließ man folgende Anweisung: Statt Petruschka den jungen Proschka, statt Selifan Grigorij Dojesschaj-ne-Dojedesch. Währenddessen lief die Sache weiter auf Hochtouren!

„Verzeichnis der Darlehen!“

„Bitte schön!“

„Ne-Uwaschaj-Koryto hierher bestellen.“

Das erwies sich als unmöglich. Ne-Uvaschaj war zwei Monate zuvor aus der Partei ausgeschlossen worden, und aus Moskau beorderte er sich gleich selbst ab, da er hier nichts mehr zu tun hatte.

„Kuwschinnoe Rylo?“

„Ist ans Ende der Welt gefahren, um eine Gouvernementsabteilung zu instruieren.“

Also nahm man sich den Jelisaweta Worobej vor. Den gab es aber nicht! Es gab zwar eine Schreibkraft namens Jelisaweta, aber die hieß nicht Worobej. Es gab einen Assistenten des stellvertretenden Sachbearbeiters des stellvertretenden Leiters der Unterabteilung namens Worobej, aber der hieß wiederum nicht Jelisaweta!

Sie hakten bei der Schreibkraft ein:

„Sind Sie das?“

„Keineswegs! Wieso soll ich das sein? Hier wird Jelisaweta mit ‚w‘ geschrieben, schreibt man mich etwa mit ‚w‘? Ganz im Gegenteil ...“

Und schon fließen die Tränen. Man ließ sie in Frieden.

Während man sich mit Worobej abmühte, hatte der Rechtsbeistand Samoswistow Tschitschikow vertraulich mitgeteilt, dass das Spektakel begonnen habe, und Tschitschikow machte sich aus dem Staub.

Vergeblich raste der Wagen zur angegebenen Adresse: nach rechts einschwenkend, fanden sie natürlich kein Auskunftsbüro, sondern eine heruntergekommene, halb verfallene öffentliche Kantine. Den Ankommenden trat die Putzfrau Fetinja entgegen und sagte, dass hier niemand wohne.

Nebenan, als sie links einbogen, fanden sie tatsächlich ein Auskunftsbüro; dort saß aber keine Stabsoffiziersfrau, sondern irgendeine Podstega Sidorowna, die selbstverständlich Tschitschikows Adresse nicht kannte, ja nicht einmal ihre eigene.

IX.

Nun gerieten alle in Verzweiflung. Der Fall war inzwischen so verworren, dass es selbst dem Teufel zu viel geworden wäre. Die nicht existente Pacht geriet mit dem Sägemehl durcheinander, die Brabanter Spitzen mit der Stromversorgung, Korobotschkas Kauf mit den Brillanten. Nosdrjow saß mit in der Patsche, der Sympathisant Rotosej Jemeljan hatte auch seine Finger im Spiel, genauso wie der parteilose Dieb Antoschka, und Sobakewitschs Schummel mit den Rationen war auch aufgeflogen. Und der Tumult wurde immer ärger!

Samoswistow arbeitete unermüdlich und mischte in das allgemeine Durcheinander auch noch die Sache mit den fremden Schrankkoffern und noch die gefälschten Reiserechnungen (wobei, wie sich herausstellte, jeweils an die fünfzigtausend Leute mit verwickelt waren) und so weiter und so fort. Kurzum, es war die Hölle los. Diejenigen, denen die Milliarden vor der Nase weggeschnappt wurden, und jene, die sie ausfindig machen sollten, irrten entsetzt umher, fest stand nur: Die Milliarden waren auf und davon.

Zu guter Letzt erhob sich ein Onkel Mitjaj und sagte:

„So ist das also, Brüder Offensichtlich kommen wir nicht darum herum, eine Untersuchungskommission einzusetzen.“

X.

Und eben da, wie ein Deus ex machina, tauchte ich auf (was man im Traum nicht alles erlebt!) und sagte:

„Beauftragt mich damit!“

Die Überraschung war groß:

„Und Sie   können   Sie das?“

Ich: „Sicher.“

Sie schwankten noch. Dann – in roter Tinte:

„Auftrag erteilen!“

Also legte ich los (noch nie im Leben hatte ich einen angenehmeren Traum!).

Von allen Seiten kamen fünfunddreißigtausend Motorradfahrer zu mir angerast:

„Können wir helfen?“

Ich zu Ihnen:

„Nein, danke. Konzentriert euch auf eure Angelegenheiten. Ich schaffe das selbst. Höchstpersönlich.“

Ich holte Luft und brüllte so laut, dass die Gläser zitterten:

„Her mit Ljapkin-Tjapkin! Sofort! Ans Telefon!“

„Das ist unmöglich   Das Telefon ist kaputt.“

„So, so. Kaputt!? Das Kabel ist gerissen? Dann soll es nicht unnütz herumbaumeln – knüpft denjenigen auf, der die Störung gemeldet hat.“

Du meine Güte! Jetzt ging's erst los!

„Aber um Himmels willen ... Herr ... Äh   einen Moment Her mit den Meistern! Kabel her! Wird sofort repariert!“

Im Handumdrehen war die Leitung repariert und angeschlossen.

Ich tobte weiter:

„Tjapkin? Ein Halunke! Ljapkin? Ergreift dieses Schlitzohr! Her mit den Listen! Was? Nicht fertig? In fünf Minuten sind sie fertig oder ihr findet euch selbst auf der Totenliste! Und was soll das sein?! Die Frau von Manilow in der Registratur? Rauswerfen!

Ulinka Betrischtschewa als Schreibkraft? Rauswerfen! Sobakewitsch? Schnappt ihn! Auch Mursofejkin, der Schurke, arbeitet hier? Und Uteschitelnyj, der Betrüger? Schnappen! Und den, der die eingestellt hat, auch gleich! Packt ihn! Und den! Und diesen! Und den da! Raus mit Fetinja! Den Dichter Trjapitschkin, Selifan und Petruschka in die Buchhaltung! Nosdrjow in den Keller ! Gleich! Sofort! Wer hat das Verzeichnis unterschrieben? Bringt ihn mir, diese Kanaille!! Selbst vom Meeresgrund!

Die ganze Hölle zitterte und bebte ...

„Das ist ein richtiger Teufel! Wo hat man den gefunden?"

Und ich:

„Her mit Tschitschikow!!"

„Es es ist unmöglich, ihn aufzuspüren. Sie haben sich versteckt ... „Ach, versteckt? Wunderbar! Dann eben ihr an seiner Stelle."

„Gnade!"

„Ruhe!"

„Sofort einen Augenblick Nur noch eine Sekunde! Man sucht ihn schon, gnädiger Herr "

Und im Nu war er gefunden!

Vergeblich lag Tschitschikow vor mir auf den Knien, raufte sich die Haare und die Kleider und beteuerte, dass er eine arbeitsunfähige Mutter habe.

„Eine Mutter?!", donnerte ich. „Mutter? ... Wo sind die Milliarden? Wo ist das Geld des Volkes?! Dieb!! Schlitzt ihn auf, den Betrüger! Er hat Brillanten im Bauch!"

Sie schnitten ihn auf. Da waren sie.

„Alle?"

„Alle."

„Einen Stein um den Hals und ab mit ihm ins Eisloch!"

Und es wurde still und sauber.

Ich am Telefon:

„Sauber."

Und als Antwort kam:

„Danke. Verlangen Sie dafür so viel Sie wollen.“

Da sprang ich neben dem Telefon auf. Um ein Haar hätte ich alle meine Anschaffungswünsche, die mich schon lange quälten, aufgezählt: „Eine Hose ein Pfund Zucker eine Fünfundzwanzig-Watt-Lampe “

Doch ich erinnerte mich plötzlich, dass ein anständiger Literat selbstlos zu sein hat, sank in mich zusammen und murmelte in den Hörer:

„Nichts als die Gesammelten Werke Gogols, die ich vor kurzem auf dem Trödelmarkt verkauft habe.“

Und … bums! Auf meinem Tisch liegt eine Goldschnitt-Ausgabe!

Ich freute mich so sehr über Nikolaj Wasiljewitsch, der mich schon so oft in trüben, schlaflosen Nächten getröstet hatte, dass ich einen Hurra-Schrei losließ.

Und …

Epilog

erwachte natürlich. Und da war nichts: kein Tschitschikow, kein Nosdrjow und vor allem auch keine Gogolausgabe

„So ist es wohl, schade“, dachte ich und begann mich anzuziehen, und das Leben zeigte sich nun wieder von seiner alltäglichen Seite.

Aus dem Russischen von Johanna Loinger

Zu den Autorinnen und Autoren

Michail Bulgakow (Michail Afanas'evič Bulgakov, 1891–1940)

Bulgakov wuchs in Kiew auf, besuchte dort die Geistliche Akademie und schloss sein Medizinstudium ab. In den Jahren des Ersten Weltkriegs und des Bürgerkriegs arbeitete er als Chirurg. Von 1921 an lebte er in Moskau und etablierte sich als Schriftsteller, Dramaturg, Regisseur und Schauspieler. Das Hauptthema seiner Werke ist das Schicksal der russischen Intelligencija, in der er die Hoffnung des Landes sah. Weltruhm erlangte er mit seinem Roman *Der Meister und Margarita* (vollendet 1940, publiziert 1967). Die Erzählung über die Abenteuer Tschitschikows – die Versetzung einer Gogol-Figur in die frühe Sowjetzeit – erschien 1922 in der Moskauer Zeitung „Nakanune“ und nimmt die Auswirkungen der Neuen Ökonomischen Politik unter Lenin satirisch aufs Korn.

Dmitrij Gortschew (Dmitrij Anatol'evič Gorčev, 1963–2010)

Der Autor wuchs in Kasachstan, im heutigen Astana auf. Er hatte mehrere Begabungen, die er auch beruflich umsetzte: Neben seiner schriftstellerischen und künstlerischen Tätigkeit arbeitete er als Fremdsprachenlehrer für Deutsch und Englisch, als Systemadministrator und als Übersetzer von technischen Texten. 1999, im Alter von 36 Jahren, kam er als künstlerischer Gestalter zum Verlag „Gelikon pljus“ nach Petersburg, wobei er seinen Wohnsitz allerdings außerhalb der Stadt, auf dem Land aufschlug. Als Verbreitungsmedium für seine Prosastücke war ihm das Internet das wichtigste, denn er publizierte seine Humoresken und Erzählungen vorwiegend im sozialen Medium des Life Journal. Inzwischen sind aber auch schon mehrere Anthologien in Buchform erschienen. Als der Autor 2010 mit nur 47 Jahren starb, löste das nicht nur bei seiner Fangemeinde großes Bedauern aus.

Tatjana Moskwina (Tat'jana Vladimirovna Moskvina, *1958)

Die Autorin der namensgebenden Erzählung des vorliegenden Bandes ist als Theater- und Filmkritikerin, als Publizistin und Radiomoderatorin und bisweilen auch als Schauspielerin und Dramatikerin tätig. Außerdem leitet sie in der Wochenzeitung „Argumenty nedeli" (Argumente der Woche) die Kultursektion. Ihre Ausbildung hat sie im Jahr 1982 an der Leningrader Staatlichen Akademie für Theaterwissenschaften abgeschlossen, wo sie auch vier Jahre lang als wissenschaftliche Mitarbeiterin tätig war. Ihre Beiträge zur zeitgenössischen russischen Kultur sind inzwischen in mehreren Sammelbänden erschienen.

Sergej Nosow (Sergej Anatol'evič Nosov, *1957)

Sergej Nosov ist ein Autor, der die Vielfalt pflegt: Er schreibt Prosa, Theaterstücke, Lyrik und Kinderliteratur und hat außerdem eine Ausbildung zum Flugzeugingenieur. Er absolvierte auch das Studium am Gor'kij Institut, der Hochschule für literarische Berufe in Moskau. Er lebt und arbeitet in Sankt Petersburg. Er war unter anderem als Redakteur der Zeitschrift *Kostër* (Das Lagerfeuer) tätig sowie als Journalist bei Radio Rossija. Der Durchbruch als Schriftsteller gelang ihm mit seinem Roman „Chozjajka istorii" (Herrin der Geschichte, 1999) – einer Spionagekomödie. 2001 kam sein Buch „Dajte mne obez'janu" (Gebt mir einen Affen) heraus. Der Titel spielt auf die Losung der PR-Leute an: „Gebt mir einen Affen, und ich mache daraus einen Präsidenten", was auch die inhaltliche Richtung des Romans vorgibt, der sich mit Technologien der allgegenwärtigen Werbung auseinandersetzt, ein Thema, das der Autor wiederholt aufgreift.

Wladimir Schinkarjow (Vladimir Nikolaevič Šinkarëv, *1954)

Vladimir Šinkarëv war in den 1980ern einer der führenden Köpfe von Mit'ki, einer bekannten subkulturellen Leningrader Gruppe, in der sich bildende Künstler, Filmemacher, Musiker, Dichter und Schriftsteller zusammentaten. Ihr Markenzeichen war eine Art Stadtfolklore, die auch in Liedern, Comics und Zeichentrickfilmen ihren Niederschlag fand. Šinkarëv, von der Ausbildung her ein Geologe, hat sich nicht nur als Prosaautor, sondern auch als Maler einen Namen gemacht. Die 1980er Jahre verbrachte er als Heizer – ein Berufsbild, das für den Leningrader künstlerischen Untergrund typisch war. Während dieser Zeit schrieb er den Roman „Maksim i Fëdor" (Maxim und Fjodor), den er im Selbstverlag herausbrachte. 2012 kam ein Band unter diesem Titel heraus, in den nicht nur der Roman, sondern auch seine Konzeptkunst, seine Fotografien sowie Erzählungen und Märchen – darunter auch „Der Hausigel" – Eingang fanden.

Jewgenij Wodolaskin (Evgenij Germanovič Vodolazkin, *1964)

Evgenij Vodolazkin beschäftigt sich sowohl mit der wissenschaftlichen Analyse als auch mit der kreativen Produktion von Texten. Als Spezialist für altrussische Literatur arbeitet er seit 1986 am Literaturinstitut der Russischen Akademie der Wissenschaften, im Puškinskij Dom in Sankt Petersburg. Sein einschlägiges Studium der russischen Philologie hatte er noch in

Kiew abgeschlossen, wo er auch geboren und aufgewachsen ist. Als Prosaautor reüssierte Vodolazkin im Alter von 45 Jahren, als 2009 sein Roman „Solov'ev i Larionov“ (Solowjow und Larionow), der zur Zeit des russischen Bürgerkriegs spielt, herauskam und gleich für zwei Literaturpreise nominiert wurde. Seinen Roman „Lavr“ (Laurus) bezeichneten Kritiker als eines der wichtigsten literarischen Ereignisse des Jahres 2013. Neben der großen Romanform befasst sich Evgenij Vodolazkin aber auch mit Essays und hat 2009 einen Sammelband herausgebracht mit dem Titel „Instrument jazyka: O ljudjach i slovach“ (Das Instrument der Sprache: Über Menschen und Wörter), dem auch die Beiträge im vorliegenden Buch entnommen sind.

Zu den Übersetzerinnen und Übersetzern

Die Übertragung der russischen Texte in die deutsche Sprache fand im Rahmen eines Workshops an der Philologisch-Kulturwissenschaftlichen Fakultät der Universität Innsbruck statt, an dem AbsolventInnen und Studierende der Slawistik und der Translationswissenschaft teilnahmen. Geleitet wurde der Workshop von Marina Koreneva, die im Sommersemester 2013 als Writer in Residence an der Fakultät war, und von Christine Engel, die viele Jahre als Professorin für russische Literatur und Kultur am Institut für Slawistik tätig war.

Die Übersetzungen sind das Ergebnis von lebhaften Diskussionen, die mehrere Stufen durchlaufen haben: Die Erstübersetzung wurde jeweils von anderen KursteilnehmerInnen redigiert, dann erfolgten Präsentation und Besprechung in der Gruppe, um in der daraufhin überarbeiteten Version noch weitere Detailfragen mit den Workshopleiterinnen zu klären, ehe schließlich der Prozess der Endredaktion einsetzen konnte. Dieser kursorische Einblick in die schrittweise Übertragung von einer Sprache und Sprachkultur in eine andere kann eine Vorstellung davon vermitteln, welch komplexe Anforderungen das Übersetzen von Literatur an die Beteiligten stellt.

Die Übersetzerinnen und Übersetzer des vorliegenden Bandes setzen hiermit die Tradition fort, die Ergebnisse der jeweiligen Workshops, die am Institut für Slawistik der Universität Innsbruck zur literarischen Übersetzung stattfinden, zu publizieren. Beteiligt waren an diesem Projekt: Elisabeth Holzinger, Emanuel Klotz. Tatiana Kulik, Timea Anna Lehner, Johanna Loinger, Christina Muigg, Barbara Planötscher, Tomislav Rosić und Tobias Wirthenson. Das Akronym „RuBel", mit dem die Übersetzung einer Kurzgeschichte gezeichnet ist, zielt nicht auf die russische Währung ab, sondern ist eine Abkürzung für „Russische Belletristik“ und bietet den wechselnden Gruppen einen gemeinsamen Namen als Dach.

Den deutschsprachigen Leserinnen und Lesern wird mit diesen Texten ein Einblick in die Vielfalt der zeitgenössischen russischen Literatur vermittelt, wodurch das Bild der literarischen Vorgänge in Russland an Kontur gewinnt. Der vorliegende Band ist nunmehr der sechste in dieser Projektreihe – und bereits der vierte, der im Kitab-Verlag erscheint.

Bisher erschienen

Christine Engel (Hg.): *„Bist du echt ein Russe?“: Literarisches aus der Wendezeit.* Aus dem Russischen übertragen von SALITÜR und RuBel. Wien, Klagenfurt: Kitab 2006.

Erzählungen von Aleksandr Churgin. Aus dem Russischen übertragen von RuBel. Innsbruck 2009 (= Kleines Inn-Lesebuch).
Sehen Frauen mehr? Russische Schriftstellerinnen erkunden die Gegenwart. Aus dem Russischen übertragen von RuBel und Elisabeth Giacomuzzi. Wien, Klagenfurt: Kitab 2009.

Andrej Kurkow: *Liebesglück in Brüssel / Brjussel'skij krolik.* Aus dem Russischen übertragen von RuBel. Kiew: Al'terpres 2009.

Marina Palej: *Inmitten von fremden Ernten. Erzählungen.* Aus dem Russischen übertragen von Christine Engel mit RuBel. Wien, Klagenfurt: Kitab 2010.

Quellenhinweise

Michail Bulgakov: Pochoždenija Čičikova. In: Derselbe: Sobranie sočinenij v 8 tt. Sankt-Peterburg: Azbooka 2002, t. 3. S. 17–34.

Dmitrij Gorcěv: Gorod Puškin. http://gorchev.lib.ru/
Dmitrij Gorcěv: Kepka. http://gorchev.lib.ru/
Dmitrij Gorcěv: Pesn' o rodine. http://gorchev.lib.ru/
Dmitrij Gorcěv: Michel'. http://gorchev.lib.ru/

Tat'jana Moskvina: Osobennosti russkogo uma. In: Dieselbe: Ničego sebe Rossija! Sankt-Peterburg; Moskau: Limbus Press 2008, S. 21–24.
Tat'jana Moskvina: Krasota ėto ... In: Dieselbe: Ničego sebe Rossija! Sankt-Peterburg; Moskau: Limbus Press 2008, S. 27–31.
Tat'jana Moskvina: Sobačij kosmos. In: Dieselbe: Ničego sebe Rossija! Sankt-Peterburg; Moskau: Limbus Press 2008, S. 34–37.
Tat'jana Moskvina: Fjurer krasoty. In: Dieselbe: Ničego sebe Rossija! Sankt-Peterburg; Moskau: Limbus Press 2008, S. 281–288.
Tat'jana Moskvina: Model' ubijstva modeli. In: Dieselbe: Žar kniga! Sankt-Peterburg: Izd. K. Tublina 2012, S. 57–60.

Sergej Nosov: Nabob. In: Derselbe: Dajte mne obez'janu. Moskva: Olma-Press 2001, S. 9–17.
Sergej Nosov: Ballada o vozraščenii. In: Derselbe: Poltora krolika: Neskol'ko istorij o strannostjach žizni. Sankt-Peterburg: Izd. K. Tublina 2012, S. 48–67.

Sergej Nosov: Pal Matveič. In: Derselbe: Poltora krolika: Neskol'ko istorij o strannostjach žizni. Sankt-Peterburg: Izd. K. Tublina 2012, S. 164–171.

Vladimir Šinkarev: Domašnij ëž. In: Derselbe: Maksim i Fëdor. Sankt-Peterburg: Novyj Gelikon 1996, S. 197–204.

Evgenij Vodolazkin: Pravda o Šlimane. In: Derselbe: Instrument jazyka. Moskva: Astrel 2011, S. 69–73.
Evgenij Vodolazkin: Dvojnye standarty. In: Derselbe: Instrument jazyka. O ljudjach i slovach. Moskva: Astrel 2011, S. 77–80.